高校德育共同体建构的
理论与实践研究

胡湘梅　著

吉林大学出版社

·长春·

图书在版编目(CIP)数据

高校德育共同体建构的理论与实践研究 / 胡湘梅著.
长春：吉林大学出版社，2024.6.--ISBN 978-7-5768-
3344-7

Ⅰ．G641
中国国家版本馆 CIP 数据核字第 2024WJ2846 号

书 名	高校德育共同体建构的理论与实践研究
	GAOXIAO DEYU GONGTONGTI JIANGOU DE LILUN YU SHIJIAN YANJIU

作 者	胡湘梅
策划编辑	王宁宁
责任编辑	闫竞文
责任校对	柳 燕
装帧设计	程国川
出版发行	吉林大学出版社
社 址	长春市人民大街 4059 号
邮政编码	130021
发行电话	0431－89580036/58
网 址	http://www.jlup.com.cn
电子邮箱	jldxcbs@sina.com
印 刷	吉林省极限印务有限公司
开 本	787mm×1092mm 1/16
印 张	12.5
字 数	185 千字
版 次	2024 年 6 月第 1 版
印 次	2024 年 6 月第 1 次
书 号	ISBN 978-7-5768-3344-7
定 价	65.00 元

前　言

　　高等学校的德育工作旨在培养学生高尚的情操和健全的人格,从学生的日常行为出发潜移默化地向学生传达正确的价值信念和积极的处事方法及态度,从而培养适应社会需要的合格人才。高等学校的德育工作对提高学生的思想道德素质、提高学校的人才培养质量具有重要的作用,它不仅关系着人才的整体质量,而且对国家和民族的未来都有着深远的影响。大学生是中国社会主义社会将来的建设者,因此大学生德育工作的成效在很大程度上影响和决定着我国人才培养及社会主义建设的成败,也影响着国家及民族的发展状况。因此,我们要对高校德育工作加以重视,优化和完善大学生德育体系,切实提升德育效果。

　　当前,全球化、信息化和现代化等趋势使高校德育理论研究和实践发展不断面临新形势、新情况和新课题。当下,高校德育的价值导向既要符合社会发展的现实需要和个人人格成长的规律,同时也应以更加开放的视角去拓展德育未来的发展方向。尤其值得注意的是,经济转轨、社会结构转型以及由此引起的思想文化领域的相互激荡已使得多元化成为现代社会的一种事实和价值存在。基于此,本书从高校德育概述入手,详细论述了德育共同体的建构理论,逐步转入立德树人视角,挖掘高校德育工作的变化和发展,总结新时代高校德育教育的传承与创新,提出高校德育共同体建构的基本思路和原则,以及新时代高校德育共同体的具体建设,然后将中华优秀传统文化与高校德育工作联系起来,探究优秀传统文化与高校德育融合实践。本书论述严谨,结构合理,条理清晰,能为新时代高校德育的相关研究提供借鉴,帮助广大高校德育工作者在具体工作实践中少走弯路,切实提高新时代高校德育工作的实效性。

笔者在撰写本书的过程中参考和借鉴了许多德育方面的书籍与资料,在此对其作者表示最诚挚的谢意。书中难免存在疏漏之处,恳请广大读者批评指正。

作者

2024 年 4 月 3 日

目　录

第一章 高校德育概述

第一节　高校德育的基本功能及目标价值

一、德育的基本功能

德育的功能指在一定社会历史条件下其所能发挥的作用和能力。原始社会的德育功能主要表现为劳动功能；阶级社会的德育功能则主要表现为政治功能；社会主义社会的德育功能除了政治功能外，还有一项重要功能，即经济功能。

（一）德育及其功能的含义

德育有狭义和广义之分。狭义的德育是指教育者对受教育者进行的道德品质教育；广义的德育是教育者对受教育者进行的政治教育、思想教育、道德品质教育、法制教育等教育的总和。

功能是指某一事物在环境中所能发挥的作用和能力，是事物的客观属性。德育的功能是德育所具有的客观属性。从不同的角度看待德育的功能，很可能会得出不同的结论。如果从社会功能的角度探讨德育的基本功能，在谈论德育的特性时，经常会提到德育的职能、作用、价值等。

"功能"是物质系统所具有的作用、能力和功效，"职能"是人、事物、机构应有的作用、功能。从内涵看，功能和职能有相同之处，都指事物的作用。但二者也有区别，"功能"所强调的是具有一定结构的系统的作用，而职能主要是指机构的职责和能力。把德育作为教育这个系统内的子系统,在谈到它的作用时,使用"功能"为宜;而把德育作为高校的职责,在谈到它的作用时,使用"职能"为妥。

"功能"是事物的客观属性,"作用"是"功能"的外在表现。"作用"是以"功能"为前提的,"功能"不明确,"作用"就难以发挥。同时,人们往往通过"作用"来考察"功能"。德育的作用是德育功能的表现,德育的功能要从历史的、现实的德育的作用方面挖掘。

"价值",从社会学的观点来理解,是指事物的相互关系,即一事物对其他事物的有用性。德育的价值是指德育在某一方面的作用,同样是以德育的功能为基础的,是德育对其他事物的作用,但不是"功能"本身。德育的价值在不同的方面表现不同,而德育的"功能"在一定社会历史条件下却是确定的。

(二)社会主义社会德育的基本功能

社会主义社会是阶级社会向无阶级社会的过渡,因而在德育的功能上既保持了阶级社会德育的功能,又具有无阶级社会德育的功能。社会主义社会德育的基本功能,是政治功能和经济功能。

1.政治功能

作为意识形态的德育,是由一定的经济基础决定的,有什么样的经济基础就会有与之相适应的德育。同时,作为上层建筑的组成部分的意识形态,一旦形成,就对经济基础有巨大的能动作用,它为经济基础服务,积极清除阻碍经济发展的旧观念。德育与其他上层建筑相比,有自己的特点,它不靠强制推行,而是通过教育为人们所认识和接受,然后形成社会舆论,变为人们的内心信念。因为政治是经济的集中表现,所以德育既为经济服务,又为政治服务。

2.经济功能

德育为经济服务表现为德育的经济功能。德育作为教育的重要组成部分,其经济功能十分突出。德育的经济功能具体表现在以下三个方面。

（1）保证经济建设沿着社会主义方向发展

我国的现代化是社会主义现代化，物质文明建设是社会主义的物质文明建设。社会主义方向是我们必须坚持的方向，保证这个方向就是德育的核心内容——政治教育的重要功能。具体地说，政治教育就是使经济建设牢固地建立在社会主义经济制度基础之上；保证"各尽所能，按劳分配"原则得到正确贯彻和执行；保证生产经营始终坚持为人民服务的正确方向。

（2）培养受教育者适应经济发展需要的思想观念和价值取向

德育的经济功能还表现为，培养受教育者适应经济发展需要的思想观念、价值取向，提高受教育者的政治觉悟、思想水平和道德水准，为经济建设提供具有较高思想素质的劳动者。经济建设的主体是人，人只有具备多方面的素质才能满足经济建设的需要。德育的作用就是保证人才具备良好的政治、思想、道德素质，缺乏这些素质或素质不高的人难以适应经济发展。

（3）调动人的生产积极性，调整人们的经济利益关系

德育的经济功能的另一个表现是调动人的生产积极性，调整人们的经济利益关系，创造和谐的人际关系，提高劳动生产率。现代管理理论认为，影响劳动生产率的一个重要因素是人们的劳动积极性，而劳动积极性又往往是由人们的经济利益关系和人际关系决定的。如何帮助人们正确认识经济利益关系，创造和谐的人际关系，是思想政治教育的重要功能。除了物质利益外，人们还有精神生活的追求。人们对精神生活的追求不可能用物质的手段来解决，而只能借助精神的手段来解决，而德育就是一种重要的精神手段。

二、德育目标的价值蕴含

德育目标是教育目标在德育领域的具体化。它在本质上是德育价值的凝结状态，是其自身前提条件的整合统一，是德育活动中的价值枢纽。

德育目标的层次间、域分间的辩证联结,要求我们在认识和处理德育目标时必须注意协调过程目标与终极目标、首位目标与非首位目标的关系。

从教育的整个系统来看,德育目标是教育目标的一个重要组成部分,是教育目标在德育领域的具体化。所谓德育目标,就是指一定社会对教育所要造就的社会个体在品德方面的质量和规格的总的设想或规定,是在进行德育之前,人们对于要把受教育者培养成具有何种品德的人,在观念中所具有的某种预期的结果或理想形象。德育目标主要是从德育预期结果也就是从受教育者所要形成的品德的角度来说明德育的作用和认识德育活动的价值。因此,我们可以明确地说,德育目标就是对德育活动结果的具体要求,是对德育工作产品质与量的规定。这种认识在德育界是较有共识的。

(一)德育目标的本质

德育目标本质上是德育价值的凝结状态。将德育目标置于德育价值的视域中进行考察,并不是人为地牵强附会,而是德育目标自身的要求。目的的几个特征如下。第一,目的(劳动的结果)在劳动开始时就已存在于劳动者的观念之中。这是劳动者对劳动结果的理想性的观念设计。它是主体实践的动力与指令,也是主体实践所追求的理想成果。第二,目的必须通过实践"物化"到自然实体中,并使实体发生改变,才能实现。第三,目的应当是规律的反映,规律决定着主体实践的方式和方法。主体认识到规律后,即可按此规律去实现自己的目的。综上所述,我们可以这样认为,所谓"目的",就是主体根据自身客观规律和主体需要或内在尺度的认识而提出的并努力为之实践的未来客体的模型,或者观念中设计的未来行为的理想结果。目标,是目的的具体化和规范化。目的的实现过程也就是价值的创造过程。目的牵引着价值创造及创造的方向,目标凝结着价值的理想状态。从这个意义上讲,对德育目标的考察必须联系德育价值问题,以实现德育目标本性的回归。相反,离开价值论来谈论德育目标,以通常所说的"社会"的"设想或规定",或者直接将德育目标确定为对

"培养大学生的思想品质所做的规定",往往易产生德育目标上的命令主义或权威主义的歧义。

德育目标作为德育活动中德育价值的凝结,其规定性在根本上取决于自身的特点。也就是说,只有依据德育目标自身的本质特点,才能给出相对完善的界定。因为从德育价值论来看,德育目标无疑是观念中设计的未来德育行为的理想结果。然而,德育主体对德育规律和主体需要或内在尺度的认识,总是受到社会现实条件的限制,德育目标只能是一定社会现实背景下的德育价值理想的凝结。因而,要想深入探讨德育目标问题,就要进一步研究德育目标确定的前提性条件。

(二)德育目标是其自身前提性条件的整合统一

德育目标的确定,并不是任由人们提出就能够保证其正确性、合理性的,而是必须依据其自身的前提性条件整合统一。这主要包括如下三个方面。

首先,必须坚持德育主体需要与德育规律的统一。德育目标即德育活动目的的表征。目的是主观性的,正确、合理的目的是以对客观事物发展规律的正确认识为前提的。同样,确定正确、合理的德育目的,也是要以对德育规律的正确认识为前提的。这种对德育规律的认识,包含了对社会及人自身生存发展规律的认识。当然,这种认识是相对的,它总是受到生产力与社会发展的制约。只有在符合规律的基础上,德育主体对受教育者的改造才能得以完成。因此,制定正确的德育目标,必须坚持主观与客观相统一。若违背德育规律与主体需要的统一,德育目标就只能是主观与客观相分离的一种空想。

其次,必须坚持超越性与现实性的统一。德育目标是对未来的设想,是理想达到德育目的的标志性模型;德育目标又是对德育现实的一种扬弃,是对德育外在价值的一种超越。因此,德育目标具有未来指向性。如果德育目标无超越性与未来指向性,它就失去了存在的价值和意义。同时,德育目标又有其现实根据,具有现实的可能性,是以一定历史条件下现实的主客观条件为基础的。德育目标如果失去了现实性,就会成为空中楼阁,就不可能实现,同样也会失去其价值和意义。

最后,必须坚持统一性与多样性的整合统一。在一定历史时期,一个国家、民族具有共同的利益需要,则具有共同的德育目标。但德育目标又有其多样性。其一,德育目标具有层次性;其二,德育目标从横向看,又是多种类的。可以说有多少德育价值的种类就有多少种德育目标,包括政治性目标、思想性目标、道德性目标等。总之,德育目标是一个系统,是多层次、多域分、多方面的统一。多种德育目标互相联系、互相影响,因而相关人员要善于协调各层次、各种类目标并对其进行整合统一,注意各种德育目标的衔接与支撑,分清主次,辨清主流,使各种具体目标服从于整体目标。

(三)德育目标是德育活动的价值枢纽

德育目标价值枢纽的地位和作用,首先表现为德育目标规定德育活动全过程的价值趋向。德育目标的提出是德育活动的起点,即德育价值创造的起点;实现德育目标,又是德育活动和德育创造价值活动的终点。整个德育过程是在德育目标价值枢纽作用的观照下进行的,是以实现德育目标为导向来组织、协调和调整主体全部行动的。也就是说,德育主体的全部活动都服从和服务于德育目标。因此,正确、合理的德育目标是贯穿德育活动和实现德育价值的中心环节。

德育目标决定着德育活动的手段。目标决定手段,手段服从于目标。广义地说,手段是主体作用于客体的一切中介的总和,包括工具、方式、方法、措施等。随着社会文明和科技的发展,人们对德育规律的认识不断深化,因而德育目的、德育手段也在发生变化。在当前我国社会主义社会,德育目标主要是培养社会主义公民,树立大学生的主人翁意识,使大学生成为中国特色社会主义的建设者和接班人。这就要求我们在德育活动过程中,德育手段要由灌输式向启发式、养成式过渡,德育工具也应偏向多样化。值得注意的是,在目的与手段的关系中,不仅前者决定后者,后者也制约着前者。目的的提出要以一定的手段为前提,因为手段是实现目的的必要条件和保证,没有一定手段的配置,目的就不能实现。在我国社会主义市场经济初步确立并逐步完善的背景下,如何建构并实施与社会主义德育目标相配套的手段,完成现代德育手段对传统德育手段的更新、改造,是当今德育工作的一项重要任务。

德育目标直接制约和影响着德育活动的价值归宿。德育目标是在活动之前(或者至少是在活动初期)提出来的。德育目标本身的规定性表明,全部德育活动都是为了实现它,德育主体据此调节自己的一切活动。因此,从总体来看,德育目标决定着德育活动的结果和价值归宿。当然,现实中的德育活动与活动结果的关系,并不是这么简单的决定与被决定的关系。从目标到结果的转化,是要通过一系列中介手段实现的。因此,德育结果事实上是由德育目标与中介手段的整合作用产生的。此外,外部环境和其他复杂因素,包括受教育者的自身状态、能动性等,对德育活动的结果也有重要影响。因此,在通常情况下,德育活动结果往往存在着对德育目标不同程度的偏离。这种偏离表现为动机与效果的矛盾,即效果与动机的偏离。一方面,存在着目标被实践所否定,不能实现全部目标的情况;另一方面,也存在着达到意想不到的良好结果的情况。在这两种情况下,主体都应从实际出发,通过反馈机制相应调节、调整自己的中介手段,其中包括对德育活动的工具、方式、方法、措施以及德育目标的调整,直至最大限度地实现德育目标。德育自身也正是在这种偏差与调整中完善自身、发展自身的。因此,这种目标与实践的偏差又可以称为"合法的偏差"。德育目标正是在这种"合法的偏差"的推动下,寻找对德育规律和主体利益的契合,寻找自身对合规律性与合目的性的契合的。在"合法的偏差"下,正确的德育目标总是要成为决定德育活动结果的首要因素。

(四)德育目标层次间、域分间的辩证联结

德育目标的层次、域分问题是德育研究领域中的一个复杂问题。一

般来说,在德育目标确定和实施的过程中,教育者总是自觉或不自觉地依据受教育者的心理水平、接受能力和成长发育的生理特点及思想形成规律和社会历史条件因材施教;而且,德育目标在阐释自身时,也要求德育目标具有层次性和域分性。所谓德育目标的"层次",主要是指德育目标在德育活动过程中,按照受教育者的特点及相应的目标要求而形成的不同水平或者不同阶段的标准。所谓德育目标的"域分",主要是指德育目标按其内容的不同所形成的领域标准,它是德育目标在不同领域的具体体现。德育目标的层次性,体现的是德育目标的纵向划分标准;德育目标的域分性,体现的是德育目标的横向划分标准。实践表明,只有实现德育目标的层次间与域分间的辩证联结,才能真正形成德育目标的有机系统。因为同一层次的德育目标往往是由不同域分的目标构成的;同样,同一域分的德育目标又是由不同的层次连接而成的。这是德育活动的内在要求。

德育目标的层次间、域分间的辩证联结,要求我们在认识和处理德育目标时必须充分协调好两个关系,即过程目标与终极目标的辩证关系、首位目标与非首位目标的辩证关系。

1.过程目标与终极目标的关系

终极目标是德育的总目标,是德育目标体系中所含价值最高的目标,是德育能量作用于社会的杠杆,只有它才能集中地表现出德育对社会的全部意义,因此,它在德育体系中占有极为重要的地位。过程目标是德育体系中的局部或阶段性目标。

在二者的关系中,其一,要坚持过程目标以终极目标为指导的原则。砖瓦只有用于建造大厦才能体现其自身的意义,细流只有汇入江海才能浮起巨大的航船。过程目标只有与终极目标联结起来,才能培养社会主义事业接班人和建设者的必备素质。因此,过程目标要转化成终极目标的有机组成部分,就必须以终极目标为指导原则。当然,过程目标虽不像终极目标那样在德育目标体系中占有最高地位,也不能表明德育对于社会的全部意义,但过程目标具有强烈的直接性和现实性。没有过程目标,终极目标就会成为空泛的抽象概念。反之,我们也不能将过程目标脱离终极目标并将其作为终极目标来追求。因为一旦失去终极目标的统摄,过程目标就失去了正确的指导,就会随着人们功利性的追求而成为盲目活动。为此,德育工作者必须树立牢固的终极目标观念,以终极目标统率过程目标,根据终极目标的要求对德育对象施加有目的、有计划的影响。

其二,终极目标要以过程目标为中介基础。因为过程目标虽是终极目标的逻辑展开,终极目标是过程目标的逻辑起点和逻辑归宿,但是,没有一定的过程目标的演绎积累,终极目标是不可能形成的。同时,在制定过程目标时,要注意使目标与受教育者的内在需要相结合,与受教育者的成长、思想和心理的发展层次相结合。离开了这两个结合,任何目标都会流于形式。此外,也要注意过程目标之间的衔接与连贯,以保证每一个过程目标与终极目标的逻辑一致性。事实上,终极目标的内容与形成状况,一般不会超越过程目标提供的可能性空间。终极目标虽是过程目标的最终归宿,是在过程目标逻辑发展基础上形成的,但它不是过程目标的简单集合,而是由过程目标抽象和升华形成的。这就是说,如果忽视过程目标,只强调终极目标在德育中的作用,忽视对人才的培养过程,或对人才的培养急于求成,幻想人的德行修养在某一刻突然达到理想水平,那么,最终将破坏终极目标赖以形成的基础,使终极目标成为无源之水、无本之木。

2.首位目标与非首位目标的关系

高校的党团组织和所有的教师都要做好大学生的思想政治工作。将政治方向放在第一位,实际就是将德育中的政治目标放在德育域分目标中的首位,成为首位目标。政治目标外的其他几个目标也就成了非首位目标。

德育的基本内容在内涵和实践上无疑是互相联系、互相渗透的,但其各自的本质意义又是有区别的,不能相互混淆和替代。在德育内容上,显然是将政治方面的目标当作首位目标,其他目标当作非首位目标。但是,在德育实践和德育活动中,非首位目标并不意味着不重要。既不能以首位的政治方面的目标代替非首位目标,也不能使非首位目标政治化,更不能在新的市场经济发展的社会条件下只注意发展道德、心理健康方面的非首位目标,而忽略政治方面的目标。我们只有协调好德育目标域分间的关系,才能使德育健康发展。实际上,就政治教育目标而言,仅靠纯粹的政治教育是行不通的,而是要以其他域分目标方面的教育为基础、为条件;离开其他方面的支撑,政治教育难以落到实处。

需要明确指出的是,阐明德育目标域分间的首位目标与非首位目标,并不是说在德育活动的各层次、各序列都要过分强调首位目标。德育的内涵是丰富的,德育总是全方位地运行着,德育目标中的各层次、各域分都可能根据不同历史时期的实际和主客观需要而变化发展,加强或着重某一方面的教育不仅是可能的,而且是必要的。

在处理德育目标层次间、域分间的辩证问题时,要善于运用历史唯物主义和唯物辩证法的基本观点,不能把德育目标系统中的问题简单化、片面化。只有这样,才能使德育目标系统日益完善与科学,才能更好地满足新时期各方面对德育的新要求,为培养全面发展的具有较高德行素质的人才做出贡献。

第二节　高校德育的重要性

高校时期是人生道德意识形成、发展和成熟的重要阶段,在这个时期形成的思想道德观念对人的影响颇大。因此,高校时期是培养大学生对德育的认识,使大学生道德认知形成、发展和成熟的重要阶段。高校德育对大学生的成长至关重要,正确的道德认知是处理好个人与他人、个人与社会之间关系的行为规范,以及实现自我完善的一种重要精神力量,更是提高人的精神境界、促进人的自我完善、推动人的全面发展的内在动力。

加强对大学生的思想道德教育,培养他们牢固树立社会主义荣辱观,对于他们的成人、成才十分重要。

一、德育能保证个体培养的正确方向,促进个人全面发展

德育,即思想、政治、道德方面的教育,德育对保证个体培养的正确方向,促进个人全面发展起主导性作用。目前,我国社会各界关于思想道德修养建设的呼声越来越高,当代的高校大学生作为高素质人才,不仅要具备高超的专业技能,而且应具备良好、全面的道德品质。思想政治教育在各级各类高校中都要摆在重要地位,任何时候都不能放松和削弱。思想政治教育和德育工作之所以重要,是因为它是一项塑造人的灵魂的工程,是教大学生如何做人的工作。德育是大学生形成良好道德品质的重要途径。一个人有什么样的道德行为,与他所受的德育分不开。高校阶段是培养一个人道德品质的最重要时期,无论在理论、实践还是在情感、心理上,大学生都非常容易接受正面的教育。高校阶段同时也是一个人思想和行为定位的重要时期,这一阶段所接受的教育和文化熏染可以影响一个人一生的思想道德品质和价值取向。

对大学生加强德育,是构建和谐社会的客观要求。和谐社会是指人与自然、人与社会、人与自身关系全面协调并在全社会范围内达到和谐融洽的社会状态。大学生是时代青年中的佼佼者,走向社会后,他们的道德品质将直接影响整个社会的道德品质状况。对大学生加强德育并且提高其思想政治素质,已经不仅仅是党和国家的战略要求,也是培育我国社会主义事业的建设者和接班人的必然要求。当代大学生都成长于我国经济和社会的大变革时期,他们思想活动和心理状态的独立性、多变性、差异性非常明显,同时,在学习、生活、成长等方面他们面临着很多矛盾和困惑。因此,高校要加强对大学生及时、正确的德育引导,使当代大学生树立正确的世界观、人生观和价值观。

二、高校实施素质教育应突出德育的首要地位

培养人才是高校的根本任务。高校教育担负着培养人才的重任,高

校德育则担负着培养高品德、高素质人才的重任。高校教育包含着高校德育,高校德育融于高校教育,居教育之首,引领教育的方向。在中国,我们党的教育方针历来强调德育的意义和大学生德智体美劳的全面发展,强调教育的德育方向。育人为本,德育为先,是我们的首要理念。

德育在树立大学生正确的意识形态、形成以社会主义核心价值观为体系的过程中具有十分重要的作用。在素质教育中,德育起着决定性、主导性的作用。思想道德素质对调动和发挥人们其他素质潜能起着价值导向和调控作用,它决定着人的综合素质。所以说,以理想、信念、道德、世界观、人生观、价值观为主要内容的思想道德素质,是人的素质系统中最具影响力的要素,它关系到一个人今后的为人之道、处世之道。加强对大学生的德育,是培养高素质人才的需要。从人才培养的规律来看,大学生在校学习期间,是其世界观、人生观、价值观形成的关键时期,此时加强大学生德育,对于其树立正确的世界观、人生观、价值观具有决定性的意义,对于提高大学生识别和抵制错误思想倾向的能力,具有十分重要的作用。当今大学生容易受到互联网等新兴媒体的影响,缺乏社会实践经验,对网络等新闻媒体的一些报道不能正确理解和对待,往往容易产生偏见,从而影响自己的世界观、人生观和价值观,并可能出现政治信仰迷茫、思想信念糊涂、社会责任感缺乏、艰苦奋斗精神淡化、团结协作观念差等不良品质。从当今大学生的成长环境来说,也需要对大学生加强德育。

三、德育能帮助大学生成为国之栋梁

在高校阶段加强对大学生的德育,能使他们具备良好的思想道德品质,真正成为国家的栋梁之才。教育是民族振兴、社会进步的基石。人一生下来就需要学习,接受各种各样的教育,学习和教育是伴随人的一生的。教育也是提高国民素质、促进人的全面发展的根本途径。坚持德育为先,不断推进素质教育,是教育改革发展的战略主题,也是贯彻党的教育方针的时代要求。高校的根本任务是培养人,以德育人既是培养人才的重要手段,也是培养人才的重要目的。德育工作始终要围绕解决大学生"做什么人、走什么路、为什么学"的问题来开展。高校是培养中国特色社会主义合格建设者和可靠接班人的重要"摇篮",必须重视德育,必须切实加强和改进大学生的思想政治教育工作。当今社会,我们既能可喜地看到当代大学生在大是大非和重大灾害面前展现出良好的政治素质、强烈的爱国情怀和高尚的精神风貌,同时也应该看到部分大学生的思想观念、价值取向在市场经济的作用下出现了新变化,他们对一些重大问题还存在模糊甚至是错误的认识。因此,要加强对大学生的德育,让他们具备良好的思想道德品质,成为国家的栋梁之才。总之,高校必须始终保持清醒的头脑,以提升德育质量为重要途径,克服多方面因素形成的新挑战和新问题,更好地帮助大学生健康成长和成才。

我们常常把高校教育分为德育、智育、体育等几个主要的方面。在高校教育中,智育重在对人智力的开发,这是培养创新人才才智的主要手段,它主要是通过课堂教学来实现的。德育是政治教育、思想教育和品德教育的集合,现在也有人把心理健康教育归为德育。长期以来,高校教育总是人为地把德育与其他教育割裂开来,把德育当作高校分工中的一个门类,总是把"教学"放在一切工作的中心地位,这种"教学崇拜"有不断加强的趋势,使大学生才智因素的培养有了观念和行动上的保障。但在此情况下,大学生非才智因素的培养工作就会弱化,这是必须解决的问题,加强德育就是为了应对这一问题的。事实上,德育属于教育目的的范畴,它不是高校的一项工作,而是高校一切工作的归宿,是高校一切工作的最终目的之一。因此,在培养创新人才的过程中,要把德育渗透于各种教育中,使其相互联系、密切协调,实现共同育人的目的。

高校德育是个系统工程,主要体现在其内容和实施途径上。就内容来说,高校德育应该包括爱党、爱国、爱人民、爱劳动、爱科学、勤奋学习、遵纪守法、心理健康等各方面;就实施途径而言,高校德育是以专门的思想品德课为主,各学科渗透,充分利用校内团队、各种群体组织和集会、节日庆典、升降旗仪式、晨会和课外活动等形式落实的。

实施素质教育首先是思想观念的转变,而思想观念转变的一个重要途径就是在实施素质教育的过程中进行德育渗透,充分利用素质教育的主阵地——课堂,对实施素质教育的主体——大学生,进行思想渗透。如何加强高校各学科的德育渗透,是当前教育改革一个亟待解决的重要课题。

在全社会普遍重视加强和改进大学生思想道德建设的大氛围下,高校作为专职教育单位,"把德育放在高校一切工作的首位"已是共识。加强对大学生进行政治教育、思想教育、道德教育、法纪教育和心理品质教育,对促进大学生全面发展起着主导性作用。为了树立"课课有德育,人人是德育工作者"这一教育理念,教育工作者应积极开展"各学科渗透德育"工作,拓展德育阵地,增添德育渠道,丰富德育形式,扩充德育内容,使高校传统美德特色教育在学科渗透中增添新的时代内涵,在加强和改进大学生思想道德建设中发挥重要作用。"人之初,性本善;性相近,习相远",由此来看,人的一生,"习"性教化可谓最重要了。高校教育主要应起补救、输送、升华的作用。因此,作为人生重要阶段的高校教育,要针对每个大学生家庭教育的现状,及时采取补救、输送、升华的措施。这应成为高校德育工作的主导工作。

高校德育的职能主要是输送和升华。高校德育是个系统工程,整个人生道德、行为习惯的养成主要是在高校教育阶段获得的。高校德育的升华教育就是要把每个人潜在的道德意识从原始状态提升到理性认识,并进一步养成每个人的自发性的行为习惯,使其成为每个人跨入社会后各项工作得以顺利进行的重要保证。高校德育是人生道德形成过程中最重要的一环,因此每一位教育工作者都应认真贯彻落实党和国家的教育方针,始终把德育工作作为高校工作的首要任务来抓,为把每个大学生都培养成对社会有用的合格公民而努力。

第三节　高校德育的理论探索

一、道德教育是高校德育的根本

(一)强调道德教育的基础性质是最基本的教育共识

强调道德教育的基础性质是教育界的一个最基本的共识。这一命题可以从理论和实践两个方面予以佐证。从理论上来说,"道德教育是教育的根本"是许多教育学家的共识。从近代教育学产生之日起,强调道德教育的基础意义就与教育学家们对教育的价值属性的共同认知紧密联系在一起。教育以人类个体的未完成状态为起点,通过养护、管教、教导等环节,最终以发展大学生的优良品质为倾向,使之成为道德存在的目的。今天的教育已经进入了互联网时代,科技教育在高校教育课程中的比例正在无限增大。但是,世界上理性的教育学家们都一致肯定教育的价值性,都承认道德教育在全部教育中的核心地位。正是因为这一点,面对全球范围内的挑战,联合国教育科学及文化组织(简称联合国教科文组织)已经将"学会生存"作为一种新的教育哲学加以提倡,强调我们有足够的理由重新强调教育的道德和文化因素。从道德教育与政治教育关系的角度审视道德教育的基础性、重要性,也是许多教育学家的共同选择。

从全球视野来看,随着可持续发展观念的确立,以及高校教育对于道德教育的深入反思,强调道德教育在全部教育中的基础性和重要性,采取不同措施,强化不同形式的道德教育,是当代教育理论与实践的共同取向。

我国教育界亟待完成高校德育的重心转移:从泛化的德育走向以道德教育为核心的、基础的、常规的高校德育。在道德教育基础之上,为塑造中华民族基本品格而进行的高校德育,是我国改进基础教育品质,迎接新时代、新开放、新挑战的必然选择。

道德教育是高校德育的根本。高校是进行系统道德教育的重要阵地,大学生是公民道德教育的重点人群,公民道德教育是高校德育的重要内容。明确道德教育在高校德育中的基础地位和作用,对于增强高校道德建设的自觉性、减少随意性、克服盲目性、提高高校德育工作的实效性、促进大学生德智体美劳全面发展,具有重要意义。

(二)道德教育是思想政治教育的基础

德育是对受教育者进行思想品德教育的一种教育活动,一般包括政治教育、思想教育和道德教育几个部分(心理素质教育应贯穿整个德育过程),它们既相互区别又相互联系。政治教育是关于政治原则和政治方向的教育,其功能主要是确定教育的阶级属性和引导人树立正确的政治方向;思想教育是关于世界观和人生观的教育,其功能主要是培养人的科学的世界观和人生观,提高人的认识能力和帮助人们掌握科学的思想方法;道德教育是伦理道德规范和基础文明的养成教育,其功能主要是通过使人掌握道德原则和标准,教人学会如何做人和评价他人等。根据大学生成长的特点和品德形成的规律,德育内容应有不同的层次。对大学生来说,思想政治教育属于高校德育框架中的高层次教育,它更理论化、更宏观、更概括,大学生接受这种教育往往需要更多的生活积累。相对而言,道德教育则更倾向实践,属于德育框架中的基础层次教育,它是处理人际关系的一种行为准则。

在高校德育体系中,道德教育具有基础性作用。政治和思想教育的枝繁叶茂,是根植于道德教育的沃土的。一个道德高尚的人,在政治和思想上往往也是进步的;道德沦丧是导致一个人政治、思想蜕变和堕落的最初原因。从大学生道德品质的养成入手实施政治思想教育,符合大学生的接受水平,较易实施,并且可以使道德教育收到"由近及远""推己及人"的功效。因此,政治教育和思想教育虽然是高校德育中不可缺少的内容,但高校德育的工作重点应放在道德教育上。

(三)道德教育是个体优良思想品德形成的基础

道德教育不仅是政治教育、思想教育的基础,而且可为大学生打好做人的基础。道德教育的主要目的和功能之一就是教人通过掌握道德原则和标准学会做人,懂得做人的基本道理。一般来说,一个心地善良、乐于助人、有强烈道德责任感的人,会走上一条服务社会的人生道路;一个恪守道德规范的人,由于自律,他会比较自觉地遵守法律规范和政治规范;一个有高尚道德操守的人,能够为民族和国家利益采取积极行动,乃至献出自己的青春和生命。

高校教育的首要任务是使大学生学会做人,把大学生培养成为社会主义事业的建设者和接班人。大学生从小养成做人的基础伦理道德和良好的行为习惯,会终身受益。因此,高校德育应该把道德教育作为基础工程切实抓好,在培养大学生良好道德品质上下功夫。

个体思想品德的形成和发展具有一定的顺序。人的道德意识一般是先于他的政治意识、世界观、人生观产生和形成的,人的道德行为也先于其政治行为、法律行为的形成和发展,并且对其思想品质和政治品质的形成与发展产生积极影响。

人的道德品质是思想品质和政治品质形成与发展的结果。第一,个体思想品德的形成与发展受其身心发展水平的制约,与其身心发展水平相一致。第二,个体思想品德的形成与发展,是以其自身所参与的活动和交往为基础与中介的,与其所参与的活动和交往的范围、性质、水平相一致。具体地说,大学生的抽象思维还没有充分发展,理论思维水平较低,他们还不能真正理解社会发展的规律以及人生的真谛,从而不能真正拥有科学的世界观、方法论和正确的人生哲学。从时间上看,高校的思想政治教育应当在适当的道德教育之后逐步进行;从逻辑上看,高校的思想政治教育应当建立在基本的道德教育基础之上。

二、新时期高校德育实效性研究

(一)高校德育实效性的概念

德育这项实践活动所取得的实际效果被称为德育的"实效"。具体来说,德育实效性是指通过投入一定的人、财、物、时间等,获得的效果和好处,即德育目标在特定的环境条件下的实现程度。如果德育对改善大学生的道德素质产生了积极的推动作用,那么德育就是有实效性的;若没有产生推动作用,那么德育就没有实效性。高校德育的实效性,是高校德育工作者通过课堂等主渠道将德育理论传授给在校大学生,让大学生通过自我的学习和感悟,将其转化为自身内在的道德素质,再通过一定的德育实践,将这种内在的道德素质转变为生活中的日常行为的程度。

(二)提高高校德育实效性的对策

德育可以说是高校教育的灵魂和先导,它与智育、美育、体育、劳育相互联系,彼此渗透,对大学生的全面发展和健康成长起着重要作用。因此,相关人员必须高度重视德育,把德育工作放在高校工作的首位。但新时期德育工作的环境已经发生了很大的变化,高校需要与时俱进,相应地转变工作方法。

1. 增强高校重视程度,完善德育工作机制

(1)加强领导,完善德育工作机制

高校应该建立完善的德育管理体制和工作机制,把高校党委作为德育工作的领导核心,成立以高校党委为首的德育工作领导小组,由领导小组负责德育工作方针、德育工作任务和总体规划的研究、制定,形成党委统一领导、党政齐抓共管、全校紧密配合、上下共同推进的德育工作体制。高校应建立系统的德育体系,明确目标,细化责任,在全校范围内广泛推行,营造良好的育人氛围;引导全体教职工共同履行以人为本的德育原则,制定相应的制度,比如在评聘职称时给予制度倾斜,鼓励更多品德高尚、敢作为、有能力的优秀教师加入德育队伍,让更多的人来关注德育工作,真正实现"育人为本,德育为先"。

(2)加强德育工作队伍建设,努力打造一支专业化、职业化的德育工作队伍

德育工作队伍是高校德育的组织保障,高校的德育工作除了高校党委的重视外,主要依靠德育工作队伍来完成。当前的德育工作人员主要是高校的党政干部、"两课"(我国现阶段在普通高校开设的马克思主义理论课和思想政治教育课)教师、辅导员和班主任,他们往往身兼数职,工作任务繁重,很难拿出专门的时间和精力来对大学生开展德育。高校党委应高度重视,加强组织领导,真正把德育工作放在首位,采取切实措施,培养一批具有坚定的政治方向、扎实的理论功底、敢于开拓创新的德育工作队伍,提高其职业化和专业化水平,使这支德育队伍真正成为大学生健康成长的指导者和大学生全面发展的引路人。高校领导层面应从各个方面给予德育工作队伍适度的关心,适当倾斜待遇,提高德育工作岗位的吸引力,吸引更多的教师加入,不断扩大和充实德育工作队伍,真正建立起一支高水平的德育工作队伍。同时,应适时地对德育工作者进行培训,统一

其思想,提高其认识,使之在掌握德育理论知识的同时积极开展学术研究,真正成为德育领域的专家,增强其归属感和使命感,提高德育工作队伍的稳定性,从而真正实现德育工作队伍的职业化、专业化。

2. 充分发挥德育教师的人格示范作用,营造全员育人氛围

学高为师,身正为范。教师的一言一行、一举一动都对大学生有着强大的示范作用和潜移默化的影响。因此,我们必须加强高校教师的思想道德建设和职业道德建设,提高教师的道德修养和综合素质,不断提高德育工作人员的师德修养,充分发挥教师的人格示范作用,树立以人为本的服务意识,做到为人师表、言传身教,通过教师的人格示范作用培养大学生为人处世的态度,使教师成为大学生崇拜的对象、信赖的朋友,从而达到成功传递科学的道德观念和价值标准的德育目标。我们应强化"育人为本,德育为先"的理念,让更多的教职工参与到德育队伍中,把全员育人、全方位育人的思想贯穿高校教学、管理、服务各个方面,努力形成全员参与、齐抓共管的良好德育氛围。

3. 创新德育内容,改进德育方法,增强德育实践

(1)创新德育内容

当前的德育教材内容相对滞后,对大学生缺乏吸引力和感染力,并且普遍存在着以说教、灌输为主的方法,大学生处于一种被动接受的状态,这些都影响了德育的效果。我们应积极地创新德育内容,注重与时俱进,不断挖掘当前社会热点中所包含的德育素材,利用身边的德育资源,将德育渗透大学生生活的方方面面,而不只是单纯地停留在教材的"理论"或"概念"上;合理地借鉴国外优秀的德育理论和德育方法,丰富德育方法和形式;注重中华优秀传统文化的传承和启迪作用,让大学生深刻领会和感受传统文化的魅力,乐意接受并传承传统文化中的精髓,并将之转化为内心自觉的信念和实际行动。新时期高校道德教育内容要贴近大学生的生活实际,满足大学生的现实需要,充分彰显"以人为本"的德育理念。只有这样才能真正走进大学生的心灵,启迪大学生的道德思维,深化其已有的道德认识,增强其道德选择和判断能力,从而培养其良好的道德行为习

惯,增强德育效果。

(2)改进德育方法,增强德育实践

德育不仅要传授知识、示范行为,使大学生"知其然",还应该让大学生"知其所以然"。在具体的教学方法上,要改变传统的灌输模式,采取多样化的教育手段,运用案例分析、小组讨论、演讲、辩论等方法,增加大学生的参与热情,调动大学生学习的积极性和主动性,使大学生成为道德认知的主角;积极组织大学生参加道德实践活动,通过志愿者服务、假期社会实践、与福利院孤寡老人及社区"空巢老人"结对帮扶等活动,让大学生认识到自我修养的必要性,从而使大学生对德育内容内化于心、外化于行。德育方法应贴近社会、贴近生活、贴近大学生的实际,适应大学生的成长特点。在德育课程教学中,还可以探索德育教师与团委、大学生社团联合开展活动的方式,在德育实践活动中让德育课老师参与活动的设计和规划,并全程跟踪和指导,把课堂教学内容融入社会实践活动,实现理论向实践能力的转化,帮助大学生认识社会、服务社会,在实践中强化道德内容,巩固道德信念,并建立科学的评价体系,将实践表现计入德育课成绩,以增强德育的实践效果。

总之,德育只有从态度、形式、内容、方法等多方面加以改进,做到与时俱进,才能真正发挥应有的育人作用,达到预期效果。

4. 创新德育理念,把社会主义核心价值体系融入高校德育

(1)创新德育理念

新时期高校德育要紧密结合社会实际,树立以人为本的德育理念。高校德育要充分尊重大学生的主体性地位,积极地转变观念,将大学生的被动接受转变为主动学习。教师在德育引导的过程中需要切实加强与大学生的沟通和交流,加强人文关怀和情感投入,找准着力点,让德育不仅能解决大学生较深层次的思想问题,而且能解决其生活中的实际问题,遵循德育的规律,融入社会主义核心价值观,引导大学生学会主动选择,充分发挥自我教育能力,通过一系列科学的、行之有效的方法、举措和途径,帮助大学生树立新的德育理念。

（2）引导大学生积极培育和践行社会主义核心价值观

青年是这个社会中最活跃的群体，也是代表现在、影响未来的关键人群，倘若能用社会主义核心价值体系引领青年人的思潮，就能在很大程度上成功引导整个社会意识的走向。特别是当今时代，活跃的社会思潮对大学生影响显著，部分大学生在价值选择和判断上摇摆不定，思想呈现出盲目的多元化发展趋势，表现出个人主义、功利主义、自由主义的倾向，缺乏远大理想、社会责任感和公民意识，用社会主义核心价值观对其进行有效的教育引导，非常必要。

第四节　高校德育主体论

一、高校德育主体概述

（一）高校德育主体的内涵

随着人类实践能力的提高和活动范围的扩大，主体的外延也在丰富和完善。主体不仅包括个体主体，还有群体主体、社会主体和人类主体。从这个意义上讲，"主体，即社会"。而两个或两个以上主体的关系，就是主体间或主体际。

高校德育主体是人的主体性在高校德育活动中的具体化，高校德育主体的主体性和人的主体性是特殊和一般、个性和共性的关系。高校德育作为教育的重要组成部分，也是具有一定独立性的活动主体。因此，高校德育的主体构成得以明确，即高校德育的教育者、受教育者和活动主体，而高校德育的主体性是由高校教育者的主体性、受教育者的主体性和高校德育活动的主体性有机构成的复杂整体。

高校德育主体的内涵包括三层含义。第一，高校德育主体是处于一定德育实践活动中的人，这说明德育主体是现实的、具体的人，这凸显了高校德育主体的社会性和实践性本质。第二，高校德育主体以德育活动为中介客体，这表明高校德育主体是存在于一定关系中的主体：德育主体

（教育者）—德育活动（客体）—德育主体（受教育者）。处于一定德育实践活动中的德育主体具有两种本质性的关系：高校德育主体（教育者和受教育者）与德育客体之间的对象性关系，这是一种认识与被认识、改造与被改造的关系，体现的是"人改造自然"的活动；高校德育的教育者与受教育者之间的交往关系，是平等、协作、共存、共赢的关系，体现的是"人改造人"的活动。第三，高校德育主体是以主体性的充分发挥和生活世界的不断完善为目的的人，这说明德育的终极目的是受教育者的德行、思想品德和思想政治素质的提高。

（二）高校德育主体的基本特征

1.高校德育主体的自主性特征

自主性具有两个尺度，第一个尺度描述个体的客观状况、生活环境，是指相对于外部强迫和外部控制的独立、自由、自决和自主支配生活的权利与可能；第二个尺度是对主观现实而言，是指能够合理地利用自己的选择权利，有明确目标、坚韧不拔和有进取心。自主的人能够认识并且善于确定自己的目标，不仅能够成功地控制外部环境，而且能够控制自己的冲动。高校德育主体的自主性就是指高校德育主体能够依据自己的意志决策、行动、选择和评价。自主性使教育者能够在德育实践活动中依据客观实际和受教育者的需要，有计划、有目的地合理安排德育内容，确定德育目标，选择德育方法等。

2.高校德育主体的能动性特征

所谓能动性，是指主体在自我发展的对象性的活动中，能战胜自己的消极、被动情绪，积极、主动、自觉地认识和改造客体的实践。人的能动性体现在实践活动中，就是使实践活动具有一定的计划、良好的程序和明确的目的。高校德育主体的能动性就是指教育者和受教育者作为主体能够在德育实践活动中，自觉地意识到自身的主体身份和自觉地发挥认识和改造客观世界能力的属性，既包括高校德育主体对德育活动的适应，也包括对德育活动的选择。德育主体的能动性发挥程度对德育活动的效果有重要影响，但也要注意高校德育主体的能动性发挥是在尊重德育活动客观规律的基础上的。

3.高校德育主体的创造性特征

创造性是人的主体性的最高表现,不仅包括客观事物的发展和完善,也包括主体自身的发展和完善,实现自我超越。高校德育主体的创造性特征是其主体性的核心构成要素,是德育主体之所以为主体的本质体现。在德育实践活动中,高校德育主体的活动会受到活动客体及德育规律的制约、限制,但总是会创造条件,改变环境,超越既有的现实去创造新的生活。高校德育主体就是通过不断地创造新的生活世界,才使自己的主体地位得到保证和巩固,使主体性得到充分发挥。

4.高校德育主体的交往性特征

交往是在一定历史条件下,现实的个人、社会集团、民族、国家之间以一定的手段为媒介的、互为主体和客体的相互往来、相互作用、相互联系的物质和精神交流活动。我们可以从两个维度来理解交往的这一概念:一个是横向维度,它反映了主体和主体之间的社会联系;另一个是纵向维度,它反映了主体间的这种联系是在主体与客体的社会实践活动中形成和发展的。也就是说,交往范畴不仅仅表明主体与主体的关系,也不单单表明主体与客体的关系,而是主体之间与主客体之间关系的统一。高校德育主体的交往是教育交往,教育者和受教育者是"我"与"你"的平等关系,受教育者置身于德育活动中,为自身的发展而学习,知识只是手段,目的是获得生命质量的提升、生命内涵的领悟。

二、高校德育主体发展的时代挑战与诉求

(一)高校德育主体发展的时代挑战

当前高校德育主体的发展并未如人们所希望的主体性充分发展,德行不断完善。从某种程度上讲,高校德育主体依然处于传统德育主客二分的固化模式下,这种模式的弊端使德育主体在崭新的历史条件下面临前所未有的挑战。其表现为:由于德育与时代的紧张关系,德育被边缘化;由于德育与人的紧张关系,人们对德育普遍逆反;由于德育自身文化

内涵的贫乏,德育力量薄弱。因此,分析和反思高校德育主体论的现代挑战是解决问题的前提。

1.施教主体观念困境

高校德育施教主体教师强调自身的主体地位,有着强烈的自我意识、自信意识、自尊意识等以自我为中心的强烈思想,维护自己的主体地位和自身的权威性。[①] 大学生则被动地位于被支配地位,虽然教师尊重大学生的自由,但在面对责任与自由的选择上,教师往往倾向对责任的重视。教师在高校德育施教过程中,渴望自己的施教结果被社会和学生认可。但现今大学生对德育的轻视,让施教者无法在社会中得到满足感,得到应有的认可和尊重。学生把德育课程列为不重要的学科,对课程的重要性模糊不清,更有甚者认为学校开设德育课程只是应对国家号召,使得高校德育教师对起初自我设立的价值观感到困惑和质疑,理想与现实相差巨大,致使施教主体陷入了自我矛盾的困境之中。

当代社会的发展使社会道德遭到质疑,致使施教者对教育内容产生怀疑,同时对自己的施教活动感到无所适从,从而陷入困境的矛盾状态。种种矛盾困境的积累,使得大部分施教者在德育教育时回避自己的责任,轻描淡写,草率了事,以完成上级任务的心态完成自己的教学任务,导致教师最终逐步放弃了原本崇高的高校德育教师的理念。

其实,高校德育教师自己本身也挣扎于物质与精神的矛盾之中。面对改革开放后多重文化的到来,教师的价值取向也在发生着改变,他们既看到了着重技术所创造的社会财富,同时也注意到市场经济条件下竞争带来的道德滑坡。德育重视的精神世界与社会生存的真实世界是矛盾存在的,使教师们处于自我矛盾与分裂中。

良师益友是教师们追逐的目标,但教师很难既充当一个为大学生所喜欢的朋友,又是一个学生敬畏、严肃威严的管理者。这种角色冲突使教师陷入良师与益友难两全的困境之中。

---

① 王林坡.大学生自我意识发展的特点及其培养[J].郑州航空工业管理学院学报(社会科学版),2004(5):93-95.

2.受教主体观念困境

相对于施教主体而言的是受教主体,困境不仅存在于施教主体,同时也困扰受教主体。大学生的自我意识主要表现在自我认知、自我体验和自我控制三方面,辩证统一,相互影响,形成可塑造的完整体系。[①]

在大学生自我意识矛盾中最突出的集中表现是理想自我与现实自我之间差距的矛盾。有学者研究发现,造成大学生这种理想自我与现实自我之间的落差有一定的积极意义,但如果调解不当,将会引发心理疾病,甚至精神分裂等多种问题。

同样,与施教者一样,大家都生活在现实社会里,有市场经济下的功利心,有拜金主义、极端个人主义的存在,也有消极腐败现象的屡屡出现。大学生在课堂上接受的完美教育与现实中的种种现象背道而驰,使他们对教育活动的存在意义感到质疑,与此同时增加了大学生价值取向上的困惑与矛盾。在道德认识与道德实践、集体利益和个人本位、精神价值的追求与功利价值追求、理想主义与现实主义、索取精神与奉献精神等选择上出现了是与非、热心与冷漠、希望与失望、进取与彷徨同在的矛盾困境。

3.德育主体的行为困境

高校德育主体的行为困境,根据不同主体之间的关系,可将此问题大致分为三类,分别是施教与受教主体之间的行为困境、施教主体之间的行为困境和受教主体之间的行为困境。

一是施教与受教主体之间的行为困境。教师和学生的交流不以完整"人"的存在方式出现,而是以各自在德育过程中所扮演的角色出现,套上了角色的装扮,使人与人之间的真诚与信任消失,从而没有真正意义上把对方看做德育过程中的主体,忽视了人性的尊重。换句话说,就是把两个主体之间的关系,片面、错误地理解为主体与客体的关系,甚至是客体与客体的关系。因为施教主体与受教主体没有把彼此作为完整"人"去平等的交往,只通过片面的交往,师生关系早已演变为知识的主体和受体的

---

① 边婷婷.大学生自我意识的矛盾冲突与解决[J].太原理工大学学报(社会科学版),2001(20):19-21.

关系。

二是施教主体之间的行为困境。高校德育教师具有职业特征,即独立性,对他人依赖程度弱。这种特征使得高校德育教师容易忽视其他教师的地位与作用。

同时,高校的基本功能为育人。教师是育人的基本力量,行政人员视其为服务对象。但从高校管理这一层面看,行政人员又是管理者角色,教师是被管理者。从不同角度看的角色双重性,也为施教主体之间带来诸多问题。

三是受教主体之间的行为困境。学生之间的行为矛盾较为单纯,多数矛盾产生于生活习惯、交往障碍等问题。大学生来自全国各地,避免不了在诸多问题上存在不一致。但随着时间的推移,矛盾应逐渐减小,甚至消灭,这才是高校德育应达到的成效。

(二)高校德育主体发展的时代诉求

为了有效应对高校德育主体的"物化"倾向、片面发展和人文价值缺失问题,当今时代高校德育主体发展要践行以人为本的德育理念,倡导主体间的交往和回归生活世界。

1. 践行以人为本的德育理念

高校德育要坚持"以人为本"的德育理念,就是要以受教育者为本。德育作为主要关注大学生思想、政治、道德素质的全面提升和塑造的专门的教育领域,其教育成效的体现就是大学生人格的全面提升与素质的全面完善。而其教育成效取得的关键则在于德育本身的人本发展,也即坚持以大学生为本,充分尊重大学生的主体地位,充分发挥大学生的自觉能动性和内在潜能,以大学生的实际为教育的出发点,以大学生的全面发展为教育的根本目的。高校德育要坚持一切为了大学生、为了大学生的一切、为了一切大学生的原则,站在立德树人的高度,满足大学生精神发展的需要,做到因材施教,有的放矢地正面引导,达到共性和个性的协调发展。

2. 倡导主体间的交往

交往是社会生活的开端,也是社会生活的基本内容,交往是人的生存方式。这意味着,在社会中,任何一个个体都不是单一、孤立、抽象的存在,而是在与周围的人及环境的相互作用中存在和发展的。社会是人们交互作用的产物,一个人的发展取决于和他直接或间接进行交往的其他一切人的发展。而当今时代的科技发展和网络的普及使全球性的普遍交往成为现实。高校德育走向交往,是德育在交往时代做出的必然选择和理论自觉。

高校德育作为教育交往的一种形式,实质上是对传统德育灌输式的否定,它是公共主体教育,消除了自我中心意识,具有交互主体性。教育交往是一种精神交往,语言是交往的手段。因此,教育交往的过程就是诉诸对话,通过理解而实现精神世界的共享。交往的教育过程包括对话、理解和共享三个阶段。前者是后者的基础,后者是前者的结果。对话是两个以上平等主体的语言交流活动,在于把握意义世界,关注人的精神存在。对话是师生在意义层面对政治、思想、道德等方面用语言架构的沟通桥梁,通过道德对话、交谈、讨论,主体间能够达到对意义世界的理解。

高校德育师生关系的和谐是德育发展的推动力。师生关系本身就是人与人关系在教育领域中的体现,更是教师和大学生作为人而存在和发展的独特方式,具有无可比拟的教育力量。师生关系的展开和师生交往过程,是大学生获得人际体验技能和终生交往品质的重要源泉,也是大学生建立价值系统的现实基础。而大学生能与教师平等交往,意味着彼此承认双方的主体地位,双方人格平等,没有被压迫者、被控制者。在交往中,大学生得到自由、民主、尊重、信任、同情、理解、宽容,同时得到激励、鼓励、指导、建议和忠告,形成积极的人生态度与情感体验,受到精神的教育。

3. 回归生活世界

德育源于生活、内化于生活。德育的存在是为了生活中人的需要,尤其是人的精神需要。德育是对生活的提升,其目的是引导人过美好的生活。德育回归生活世界不是说离开生活的德育重新回到生活,而是高于生活的德育回到生活。德育回到生活,是为了生活向更好的方向发展。德育从生活出发,在生活中进行,但并不意味着德育等同于生活、消融于生活。

三、构建高校德育主体互动模式

高校德育活动,是教育者、受教育者能动地自主建构思想道德的对象性活动;是在教育者的启发、引导、指导与受教育者的认知、体验、践行之间的互动;是教师的价值引导与大学生自我教育相统一的活动;是教育者与受教育者的相互教育与自我教育、教学相长、德行共进的活动。

基于此,高校德育主体互动模式构建旨在充分发挥高校德育主体的主体性,即教育者是价值引导主体,受教育者是自主建构主体,在他教与自教基础上建立高校德育学习共同体。教育者的主导作用和受教育者的主体作用是辩证统一的关系,教育者的主导作用体现在教育的意志保证着教育的方向;受教育者的主体作用决定着受教育者思想的变化,影响着教育的最终效果。

(一)高校德育者是价值引导主体

所谓教育者,从广义上讲,凡是有意识地形成或改善他人思想品德的主体都是教育者,包括教师、家长、亲友和其他社会成员。就高校教育而言,全体教师都是教育者,都是德育主体。教育者主体是高校德育最活跃、最重要的因素,在教书育人的德育活动中履行立德树人的职责。教育者是德育活动的价值引导者,"引导"的特点是含而不露、指而不明、开而不达、引而不发。所谓"价值引导"就意味着德育是有方向和目标的,德育方向和目标凝聚着我国对理想社会和理想人生的追求。教师对大学生的成长负有道义上的责任,教师在高校里肩负着帮助大学生增加他们的自我价值感和追求成功的责任;大学生是有自由意志和人格尊严的、具体的、现实的个体,尊重大学生的自由意志和独立人格不仅是德育的条件,而且是教育本身的内在规定。总之,教育者是社会主流价值传播主体、高校德育活动的组织主体、大学生价值建构的促进主体,更是自我价值的实现主体。教师职业是社会价值、利他价值和自我价值的统一。从这个角度来理解高校德育的教育者主体,可从以下几个方面来认识。

1.教育者是社会主流价值的传播主体

教育者是社会主流价值的传播主体,体现的是其社会价值。高校德育的教育者是党和国家的代言人,是社会主流价值的倡导者和推广者,负责引导受教育者的思想、道德和政治方向。

作为社会主流价值的传播主体,就要从两个方面充分体现,即全面落实和谐社会思想和社会主义核心价值体系。和谐社会思想注重激发社会活力,促进社会公平和正义。构建和谐社会要坚持"以人为本"的核心价值观,不断推进社会主义物质文明、精神文明、政治文明和社会文明的发展,只有这样才能最终建立民主法治、公平正义、诚信友爱、充满活力、安定有序、人与自然和谐相处的社会。而落实社会主义核心价值体系则是要坚持马克思主义的一元主导地位,以培养青年马克思主义者和马克思主义的拥护者和实践者;理想信念要坚定中国特色社会主义的共同理想,并与中国国情紧密结合,用不懈的努力拼搏将其实现;高校德育还要秉承爱国主义传统,从中华民族最深层的精神追求和行为准则出发,培养受教育者的民族自豪感和责任感;改革创新是推动中国特色社会主义事业的发展动力。高校德育要引导受教育者以社会主义荣辱观为自己的道德指南,将其由外化的道德规范内化为自己的自觉道德追求,由他律走向自律,成长为社会主义合格公民。

2.教育者是高校德育活动的组织主体

教育者根据社会要求以及受教育者的思想道德状况和身心发展变化特点,确定教育目的,制订德育计划,选择德育内容,优化德育环境,运用一定的德育途径和方法,对受教育者进行有目的、有计划、有组织的教育影响,并进行德育活动过程的调节和引导。

教育者是高校德育活动的组织主体,其表现为以下几点。

一是全面贯彻德育目的。德育目的是德育活动的出发点和归宿,规定着德育的方向和结果。因为德育体现的是国家、社会对青年一代的期望和要求,德育目的的实质和内容,是培养成为一个合格公民所必须具备的思想道德素质和法律素质。全面贯彻德育目的就是发挥德育目的在德育活动中的指导作用,以利于确定德育内容、优化德育环境、选择德育方法和科学评价德育质量。

二是丰富拓展德育内容。德育内容是为实现德育目的而选择的德育材料,使抽象的德育目的具体化为受教育者可接受的德育活动过程。德育内容的选择、确立就是教育者主体性的体现。现今,德育内容强调与当代社会、科技发展和大学生生活的联系,不再只是教科书,而是包含教科书在内的一切对德育活动有用的物质和人力。丰富和拓展德育内容就是要以理性、包容和开放的心态汲取古今中外的文明成果为德育活动所用;针对不同的德育目的要拓展与之相应的德育内容,以提升德育内容的针对性和有效性;德育内容要突出个性,从实际出发,发挥地域优势,强化高校特色,展示教育者风格。

三是选择、优化高校德育环境。高校德育环境是影响德育活动和教育者、受教育者思想和行为因素的总称。环境是由人来改变的,环境的改变和人的活动的一致,只能被看作并合理地理解为变革的实践。选择、优化德育环境要体现科学性,既要遵循德育的本质规律,也要符合受教育者的身心特点;选择、优化高校德育环境还要体现受教育者的创造性,一方面受教育者的活动空间总是超出人工德育环境所能影响的德育范围,教育者必须面对新的意料之外的德育因素,根据实际情况做出动态调节,使德育环境不断更新和优化;另一方面教育者还必须与社会上其他德育主体保持协调一致的关系,对随机性德育因素做出总体统一的调控,为社会德育环境优化积聚教育合力。

四是创新高校德育方式、手段。德育方法是连接教育者和受教育者的桥梁和纽带,是完成德育任务、实现德育目的的中介。教育者要想在与德育方法的对象性关系中发挥主体性,就要随着德育内容和受教育者的变化,选择行之有效的德育方法。高校德育方式、手段要向其他领域延伸,要面向世界、面向未来,更要面向人的心理。高校德育方式、手段要现代化,但不能全部简单搬用,要根据实际情况做出选择、调整。

3.教育者是受教育者价值建构的促进主体

主体性虽然是人所特有的,但并非每个人都能意识到自己的主体性,人的主体意识和主体能力是人的主体性发展的前提条件。受教育者对自身的发展潜能要有足够准确的认识,对自身改变外部世界的能力也要有准确评估。教育者在促使受教育者的主体意识觉醒、主体能力提升和把握主体性发展方向方面起到了重要作用。

第一,促进受教育者主体意识的觉醒。所谓主体意识,就是对自身的主体地位、主体能力和主体价值的一种自觉意识。人的主体意识的发展有一个从自发到自觉的过程。一方面,教育者在德育过程中把受教育者的创造力量诱发出来,将受教育者的生命感、价值感"唤醒",使受教育者的主体意识得到进一步确证。另一方面,教育者使受教育者认识到每个人都是独一无二的。只有当大学生的主体性醒悟,才能找到自己的安身立命之所,才能成为自己真正的主人,从而最终实现主体的全面自由的发展。

第二,促进受教育者主体能力的提高。主体能力是受教育者在社会实践中形成,并在主体与客体的对象性关系中表现出来的力量,包含着"人本身的自然力""经验知识力"和"情感意志力"等多种因素。主体能力是个体在成长过程中学习社会历史文化成果发展而来的,其中"经验知识力"是教育者间接传授的,其一旦为受教育者所掌握并进入认识和实践活动领域,就会转化为真实的主体能力,也许会成为主体对客体进行社会实践的理论支撑,也许会成为带领主体去探索世界的起点。主体能力就是主体对世界、自己以及二者关系的认识和把握程度。

第三,对受教育者主体性发展方向的规划。教育者作为真、善、美的化身,将把受教育者的主体性发展方向引至有益于社会、家庭和个体的健康良性的发展轨道。人的主体性的发挥是有条件和受制约的,人正是在对这些条件和限制的超越中显示主体性的特殊意义。人类社会生产力的高度发展无不凝聚着人类主体性的充分发挥,而这又是每一个主体积极、健康主体性发挥的结果。

教育者对受教育者的主体性发展方向起着制约和定向作用。教育者在进行德育活动之前,在头脑中必然存在对德育活动结果的某种预想或假定,但要遵循社会发展和个体发展相统一的客观规律。德育活动是教育者把人的发展中所蕴含的某种符合教育的内容融进受教育者主体的现实发展中,加速其自然发展的进程,进而内化为受教育者的思想道德素质。

德育过程中受教育者的主体性发展是在教育者有目的地参与和干预中发生的,因而人们可以按照预想的目标来确定受教育者的发展方向,从而使受教育者具有创造精神和健康个性,同时,矫正其不良品德和行为,抑制其向消极和不健康的方面发展。

4. 教育者是自我价值的实现主体

教育者传播社会主流价值、组织高校德育活动、促进受教育者主体性发展本身就是其自我价值的实现,是社会价值和个体价值的完美统一。教育者把自己作为价值主体进行自我发展、自我超越,就是其主体性发挥的内在动力源泉。教育者要永远保持积极进取精神,拓宽知识领域、优化知识结构,不断学习现代科学技术知识,并使之指导教学实践。教育者还要提高自身修养和素质,与时俱进地掌握思想、政治、道德、法纪和心理等方面内容,胜任时代对教育者的期待。教育者良好的性格、个性等作为无形的教育资源对受教育者将产生潜移默化的积极影响,而个性作为教育者思想言行、感情意志、道德品质等综合素质的体现,是教育者长期修为的结果。所以,教师不仅是职业,更是需要每个从教者用心经营的事业。

(二)高校德育受教育者是自我教育主体

如果说高校德育的教育者主体性体现为对受教育者主体性发展的引导,体现为让受教育者参与教育活动,促成受教育者主动、独立、有创造性地发展自己,那么高校德育的受教育者主体性则体现为自我教育。自我教育是教育的最高境界和最后目的,是受教育者主体能动性的集中表现,是主体成熟的重要标志。

其实,人的主体性具有两个向度,即主体性的外向度和内向度。主体性的外向度是指主体与客观世界的关系,认识和改造客观世界为人的目的服务的过程。主体性的内向度是指人进一步把自身作为认识和改造的客体,内在地指向自身,不断地回到自身,是一个反身建构自己的主体意识,提高自身主体能力的过程,是一个改造主观世界的过程,即自我教育。高校受教育者的自我教育既是主体理论发展的必然归宿,也是高校受教育者的主动要求,更是高校教育的题中之义。

教育这个概念在广义上就是对集体的教育与对个人的教育的统一,而在对个人的教育中,自我教育则是起主导作用的方法之一。只有能够激发大学生去进行自我教育的教育,才是真正的教育。伴随着年龄的增长、社会经验的丰富、学识的广博,人的自我认识越来越深刻,进而能够引导自己不断自我完善,这样才能紧随时代的步伐,塑造一个崭新的自我。这就是人的自我教育和自我完善。而高校德育应引导大学生努力做到自我教育,活到老,学到老。

自主学习是大学生主动地学,表现为学习过程中的自立、自为、自律。大学生在自主学习过程中能培养收集和处理信息的能力,提高分析问题和解决问题的能力。独立应对生活中的道德困境和价值冲突指的是大学生能以乐观的心态、健康的人格面对利益交织、价值多元的社会,经过认真负责地思考和分析,最终做出自我价值和社会主流价值相统一的决策。自我建构、自我反省能力则是审视自身,发现优点和缺点,并能主动查找原因,进而扬长补短,不断否定旧我、创造新我的过程,从而促进人的精神生命的不断发展和完善。

(三)建立学习共同体

学习共同体建立在高校德育的教育者主体和受教育者主体充分发挥的基础上,即他教与自教相结合。学习共同体旨在继承主体性德育和主体间性德育的长处,而积极扬弃其缺点和不足。学习共同体是在更广阔的类主体视域下建立的,对个人而言,主体性意味着个人对权利、尊严、独立人格的维护,对自主性、能动性、自律性、进取性、选择性、实践性、创造性的执着和坚持;意味着摆脱依附性,走向独立性和自主性;摆脱被动、受动性,确立主动、能动性;超越传承、重复性,走向创造性。对于社会而言,主体性意味着社会成员为了共同的目标,团结一致、群策群力。对于人类而言,主体性意味着建立在个人全面发展和他们共同的社会生产能力成为他们的社会财富这一基础上的自由个性的生成,意味着人类由必然王国走向自由王国,获得彻底解放。

学习共同体是由高校德育活动中多个主体有机结合而形成的,它与传统意义上的集体一样,有明确的奋斗目标、健全的组织系统、严格的规章制度与纪律、正确的舆论和优良的作风与传统。不同之处在于集体具有实体化人格,集体利益绝对高于个体利益,个体利益必须无条件地服从集体利益。而在学习共同体中,主体是独立的,自身有独立的意义和价值,共同体的利益和价值就体现在一切主体的利益和价值之中,主体利益和价值的发展与实现是这种共同体的最高利益和价值。在高校德育的有限环境中,教育者和受教育者组成的学习共同体是构筑个体主体性和群体主体性甚至各类主体性协调统一的平台。

首先,学习共同体的生机和活力来自每个主体的个性的充分发挥,在一个先进的共同体里,主体的活动总是"和而不同"的,既有益于大局又不拘一格。因此,学习共同体是既有秩序又充满创造性的。一方面,学习共同体的各种活动中,每个主体通过自己的经历和感受,都会积累共同生活的经验,掌握丰富的道德规范和与人相处的学问与技巧,促进个体主体社会化;另一方面,每个主体都能找到适合自己的活动、工作和角色,不断发展自己的志趣和爱好,更加个性化。

其次,学习共同体良好人际关系的建立将产生德育社会化的"晕效应"。"晕效应"是指在存在交往关系的两个人之间,其中一个人的思想情绪的变化,会直接影响另一个人的思想情绪的变化。观察"晕效应"要把握重点人物:一个是具有广泛交际网络的对象,辐射圈是最大的;另一个是边缘人物,由于交际关系少,"晕效应"很难辐射到他们身上。

再次,学习共同体营造合作化的德育学习与生活环境。共同体通过人人参与、平等对话、真诚沟通、彼此信赖来发展合作精神,激发道德勇气,共享经验知识,实现主体际的休戚相关、荣辱与共,利人利己。

最后,学习共同体有助于培养主体际的自我学习能力。学习共同体作为激发创造的舞台,主体融入其中,也将不断地进行自我否定和自我创新,以期为学习共同体的发展贡献自己的力量。自我学习是为了完善今天的自己,以应对未来的挑战。

第二章 德育共同体的建构理论

第一节 德育共同体的内涵和特点

一、"共同体"的多元诠释

要厘清"德育共同体"的内涵，首先要正确理解"共同体"的内涵。"共同体"在古汉语中并不存在。在《现代汉语词典》中，共同体有两层含义：一是人们在共同条件下结成的集体；二是由若干国家在某一方面组成的集体组织。在英语中，"共同体"常被翻译为"community"，其含义包括了"特定区域内的人民、相似的生活习俗和种族习惯以及共同的利益和价值诉求的社会群体，在共同区域的生活群落，具有归属感或共同的精神等"。由此，我们可以看出"共同体"与社区、团体、共有、群体等词语有关，这些词语都代表着人类的一种生存和生活样态，本源上都具有"正向的、好的、关乎善"等含义。

（一）从社会学的视角来看

德国著名哲学家、社会学家费迪南·滕尼斯最早在《共同体与社会》一书中对"共同体"进行了界定。他指出，共同体是"通过某种积极的关系而形成的群体，统一地对内对外发挥作用的一种结合关系，是现实的和有机的生命组合"①,重点强调了人与人之间的积极关系、共同的精神意识及对共同体的归属感以及认同感。滕尼斯将共同体分为血缘共同体、地缘共同体和精神共同体。三者之间关系紧密,血缘共同体基于对族群的认同,聚居于临近的区域,进而发展和分离为地缘共同体;地缘共同体则基于群体风俗和集体记忆在相同的方向和意识上相互作用和支配,发展为精神共同体;精神共同体是最高形式的共同体,它代表着最本真和美好的群体意念和团体"善"的寻觅。共同体作为一种人类的联合形式,对人的生存与发展而言至关重要。就其根本特征而言,共同体概念所具有的共同性是在共同的生活、共同的价值诉求和共同的利益基础上体现的,唯有同时具备这些共同性质和要素的共同体,才是在人们的想象中对人的生存与发展具有重要意义的共同体。②

(二)从政治学的视角来看

亚里士多德在其名著《政治学》中提到了"城邦"的概念。他提道:"一切社会团体都以善业为目的,那么我们也可以说,社会团体中最高而包含最广的一种,它所求的善业也一定是最高而包括最广的:这种至高而广涵的社会团体就是所谓'城邦',即政治社团(城市社团)。"③这里所提及的"城邦"是一个政治性社团,也就是一个共同体,其目的就是追求"善"的实现。他在书中还提到"城邦"的基本单元是个人和家庭,从家长、族长到国王的统治理念是共通的。因血缘而产生了家庭和家族,当村落在满足生活需要时,为了生活得更加美好,他们会希冀建立更人的族群联合体,"城邦"就这样产生了。因此,政治学视角下的共同体是由公民构成的社会单位和组织,其价值追求一方面是要组建共同体内部的组织架构并安排政治行为,另一方面则是追求"善业",即提升成员的道德水准与知识素养,以适应社会生活的需要。

---

① 滕尼斯.共同体与社会[M].林荣远,译.北京:商务印书馆,1999:48.

② 胡寅寅.走向"真正的共同体"马克思共同体思想的致思逻辑研究[M].哈尔滨:哈尔滨工程大学出版社,2016:27.

③ 亚里士多德.政治学[M].吴寿彭,译.北京:商务印书馆,1997:3.

(三)从教育学的视角来看

美国教育家约翰·杜威在《民主主义与教育》中将共同体的概念引入教育中。他提出"学校即社会""教育即生活",学校作为教育共同体的一种形式,是在学习进程中,让学习者通过共同学习和榜样激励,提高学习的能力和水平,理解知识的发展过程并树立关于"美"和"善"的追求。杜威关注的是个体思想与情感的互动和意识的觉醒,他认为共同体成员必须拥有一定程度的共享,应该包含在观点上可能的丰富和复杂,而不是简单的同一。在他看来,尽管"我"是不可避免的,但存在"我们"这样的一个共同体,在其中"我"拥有和其他人一样的关于事物的观念,与他们具有相似的思想,像他们那样地赋予事物和行动以相似的意义。[①] 也有学者指出:"教育共同体是基于一致的教育信仰,为了共同的教育目标,在培养人的社会实践活动中形成的有责任感的个体联合,或称之为教育者共同主体形态。"[②]

此外,许多中外学者也从教育学的视角提出了如学习者与思考者共同体、探究共同体、知识建构共同体、学习共同体等。尽管各自关注的角度不一样,但是教育学视角下的共同体强调教育者和受教育者主体性的发挥,就是教育者与学习者为了实现教育目标,相互学习、相互合作,共同完成教育活动的一种精神共同体。

(四)从马克思主义的视角看

马克思主义的共同体思想散见于马克思和恩格斯的相关著作中,这种共同体绝非一般意义上的共同体,而是有意识地去建构的一种共同体理论。马克思眼中的社会也并非孤立的,而是多种要素相互作用的结果。1842 年,马克思提出并论述了社会有机体理论,他认为国家生活的有机体的不同部分是相互联系、共同作用的统一整体。1847 年,马克思又指

---

① 詹姆斯·坎贝尔.杜威的共同体观念[M]//拉里·希克曼.阅读杜威:为后现代做的阐释.徐陶等,译.北京:北京大学出版社,2010:46-48.
② 林上洪."教育共同体"刍议[J].教育学术月刊,2009(10):20-21.

出,人类社会是"社会体系的各个环节"共同存在且相互依存的社会有机体。1867年,马克思对社会有机体理论进行了进一步的阐述,他认为社会是有机存在的整体,在向前发展的过程中不断地建构和充盈自己缺乏的"组织器官",在总体的发展进程中,这个有机体变成了总体过程的一个要素。因此,马克思主义视角下的共同体是一种运动的且交互的"社会生命"存在体。此外,马克思主义视角下的共同体是有多种类别的,如古典古代的共同体、虚假与真正的共同体、封建的共同体、阶级共同体等,通过多样的划分指出"共同体这一概念指涉了人们生存、生活的组织样态的形构,用不同形构的共同体标明了人类历史性生存的实践形态。真正的共同体,即自由人的联合体与共产主义社会是等同的,它是人类理想的生活形态"①。

二、德育共同体的内涵

德育是有目的、有计划地在政治、思想与道德等方面对受教育者施加影响的活动。其目标主要包括培养某种德性素养和造就某种社会角色,本质上是一种个体完成道德上的社会化的过程。无论是社会学视角下的共同体,还是政治学视角下的共同体,抑或教育学视角下的共同体,都具有如下的共同点:共同的精神信仰、共同的历史文化传统、共同的目标导向、群体的参与和联合。所关注的重点都是个体德性的提升和对"善"的追求,这与德育的目标无疑是一致的。因此,对于德育共同体的讨论也离不开社会学、政治学、教育学和马克思主义学说的支撑。此外,德育是教育的有机组成部分,也是教育的一个重要环节。自人类社会产生以来,德育一直伴随着教育的发展而发展,在历史的某些阶段,德育甚至被等同于教育。正如赫尔巴特说:"教育的唯一工作与全部工作可以总结在这一概念之中——道德……道德普遍地被认为是人类的最高目的,因此也是教

---

① 池忠军.马克思的共同体理论及其当代性[J].学海,2009(05):41-47.

育的最高目的。"①在我国实际的教育活动中,"德"始终居于"五育"之首,为社会培养道德合格的人始终是教育的应有之义。

根据德育的本质属性和基本目标及德育与共同体的统一性,我们可以得出一个结论:德育共同体是基于一致的道德信仰和价值认同,为了完成共同的德育目标,由群体成员共同参与,通过课堂德育、角色德育、实践德育、生活德育、团体德育、网络德育等多路径、多场域相互作用,以主体互动合作、资源共享为基本准则,在培养有德性的人的社会实践活动中形成的有着强烈的责任感和归属感的生命有机体。

德育共同体的构成不仅包括了个体和群体,还包括了德育的各种路径、场域等。具体来讲,个体层面包括学生、德育教师、专业课教师、行政管理人员,以及学校的其他成员;群体层面包括了学校、企业、德育机构等。路径和场域方面包括课堂、角色、实践、网络、日常生活等。德育共同体的生成需要两个基本的条件。一是共同体中的各要素具有共同的道德信仰、价值认同以及基于"意义建构"的德育目标。从阶级社会到现代社会,德育的功能和形态都发生了重要变化,尤其在现代社会,工具理性和劳动异化问题制约了人的自由全面的发展,德育共同体就是要实现以上两种教育目的的统一,基于"意义建构"来促进人的全面发展。二是共同体中的各个要素之间具有良好的沟通、融洽的感情和深度的理解。德育是社会的产物,并不是基于血缘的自然共同体,教育者与受教育者之间的关系是需要建构和营造的。在德育共同体中,德育主体为主导,角色、团体、实践等实现路径通过课堂、生活、网络等场域进行良性、和谐的互动。因此,高校德育也不再是机械的系统,而是一个充满活力的生命共同体。

三、德育共同体的特点

(一)共同的道德信仰和价值认同

德育共同体的存在和发展主要依赖共同体内部所有成员的道德信仰

---

① 赫尔巴特.论世界的美的启示为教育的主要工作[M]//张焕庭.西方资产阶级教育论著选.北京:人民教育出版社,1964:249-250.

和价值认同的一致性。"'共同体中心'就是价值观、情操及信念的储存器,它能够为使人们凝聚于一项共同的事业提供所需的'黏合剂'。共同体中心统管对共同体有价值的东西,提供指引行为的规范,并赋予共同体的生活以意义。"①共同的道德信仰和价值认同是德育共同体的前提和基础。共同的道德信仰能给予人生最广大的意义,从本质上讲,就是对于"善"的追求;共同的价值认同从根本上讲就是对马克思主义基本思想的认同,具体来讲就是对社会主义核心价值观的认同。道德信仰和价值认同是维系德育共同体成员的强大精神纽带和奋斗动力。道德信仰和价值认同使得共同体成员超越了狭隘的群体意识,使德育共同体成为一个内部成员良性互动的具有内生动力的价值共同体。

(二)共同的历史文化传统

共同的历史文化传统是德育共同体存在和发展的重要条件。德育共同体不同于血缘共同体和地缘共同体,它是一种基于共同的历史文化传统的精神共同体。正是基于共同的历史文化传统思想的契合,共同体内核才有了更高的"黏合性"。这些共同的文化特质主要包括共同的文化意识形态、共同的文化价值观念、共同的文化道德规范以及追求真理的精神和坚持正义的品性等。这些特征是德育共同体成员间彼此了解、产生精神归属感的源泉。中华民族文化作为绵延数千年、从未中断的文明样态,已经融入中华儿女的血脉肌体,影响着中国人的思维方式、价值选择和行为模式。德育共同体就是要扎根于中华文化的深厚土壤,立足传统,从中获得源源不断的精神滋养。因而,在某种意义上可以说德育共同体就是文化共同体。

(三)明确的目标和指向

明确的目标和指向是德育共同体存在和发展的根本动力。德育共同体的目标就是为了培养有德性的人,实现人的全面发展。人的全面发展并不是脱离社会和国家发展的单纯的自然需求,而是以个人的全面发展

---

① 萨乔万尼.道德领导[M].上海:上海教育出版社,2002:58.

为目标、以社会和国家发展为前提的综合发展需求。具体来讲,德育共同体就是将个体的全面发展融入实现中华民族伟大复兴的中国梦当中。这个目标的实现,就必须走向并融入社会实践,在实践中检验德育共同体存在的价值与生命力,在实践中发展和完善德育共同体的内涵和外延,在实践中进一步明确德育共同体的任务和使命,就是要构建具有强烈责任感和归属感的实践共同体。

第二节　德育共同体建构的内容

德育共同体建构的内容既包含其建构的主体要素、环体要素、介体要素等诸要素,还包含德育共同体本身与其内部成员的关系两个层面的内容。若前者为德育共同体建构的基本骨架和根基结构,后者则是更为实在和具象的关系表达。

一、德育共同体建构的诸要素

德育共同体建构必须包含成员主体要素即个体对美和"至善"追求的本源意志,环体要素即在承继先辈优秀德育文化与行为模式的惯例基础上,并利用介体作用即基于成员群体的集体感知、经验交流,通力配合、协同合作,具备以上诸要素内容结构才可建构起真正的德育共同体。

(一)主体要素:个体的本源意志

在德育共同体建构的诸种要素中,主体要素是位列逻辑架构与次级排序的最根基部分,主体要素即德育共同体建构所要面向的服务受众与组成的根基部分,主体要素之于共同体整体而言即如细胞之于有机体,缺少了主体要素,德育共同体的建构便无从谈起。

真正关注和发展德育共同体,必须首先关切德育共同体要素主体即共同体成员。德育共同体成员意志的构成与坚韧情况直接决定德育共同体的根基,在德育共同体建构的过程中要关注德育教化开展过程中成员意志的结合为本源意志还是选择意志。论及德育共同体概念,依照滕尼斯关于共同体与社会的划分之法,可以看到的照应关系为:社会—选择意志—规制;共同体—本源意志—信仰。如此可见,嫁接于德育共同体养成的两端,意志力的来源方向成为核心,若要建构德育共同体,需首先培养成员对于道德信仰和关于美德追求的本源意志,从本源意志上寻觅突破点。人的本质意志是建立在自然的基础上的,是人类所具有的原始的东西,在自然意志支配之下,人们之间的关系是天然的,不考虑利益,目的与手段是统一的。选择意志是思维本身的产物,是建立在目的与利益的基础之上的,是基于自由与理智的思考。在此基础上,人类社会的生活呈现两种形态:一是共同体;二是社会。共同体基于血缘、感情与伦理关系而形成,包括亲属(血缘共同体)、邻里(地缘共同体)、友谊(精神共同体)等,是人们建立在纯粹的自然关系基础上的,彼此之间没有利益关系,体现的是一种自然的、有机的联系。社会是建立在人类的选择意志基础上的组织,人与人之间因利益关系组织在一起,形成群体。社会体现的是一种有意识的、基于利益关系的联系,如城市、行业、国家等。共同体较社会古老。① 滕尼斯关于共同体本源意志的论述可以套用到德育共同体建构的初源状态,即源于德育教化的信仰和追求使得个体在德育共同体集群中表现出强烈的实现冲动,这代表着个人加入共同体的最初信仰和目的追求,他们是先前的、正向的能量驱动。可见,培育公民个体关于德育教化实现的主体本源意志,是德育共同体建构的先行步骤。②

(二)环体要素:继承的惯例

德育共同体的环体要素即围绕共同体整体而言所具备的环境氛围建构,环体要素是整体性的、隐晦存在的,这种无形氛围的建构对于德育共同体整体系统的运行起着重要的润滑和保养作用,环体要素之共同体正如机油之于机车一样,良好的氛围建构和环境布局对于整体状况的和

---

① 斐迪南·滕尼斯.共同体与社会[M]林荣远,译.北京:商务印书馆,1999:146-174.

② 孔凡建.社会道德建设的社会教育路径——基于共同体理论的视角[J].华北电力大学学报(社会科学版),2014(03):118-122.

谐、有序大有裨益。

德育教化的过程实现离不开先辈的优秀文化传统与美德素养环境，任何一个民族都有植根和立足于世界民族之林的缘由，中华民族关于教育、德性、教化、感知的文本和先例素材众多。以接受德育教化的个体而言，承继先辈优秀的社会美德习气，继续追求前人所立的德性自我要求和对集体德育教化事业的责任心和虔诚感，是十分必要的。西方马克思主义者布洛赫曾言及"文化的剩余"概念，它是一种经历各个朝代的文化德性精神，这与此处继承的惯例有异曲同工之妙。德性追寻者应该继承这类关于美的"文化剩余"。德育的教化个体践行者作为新手踏入学校等教育组织机构时，无法立即适应和接受新的教育环境，这时候先有存在的优秀的关于德育教化和养成范式的惯例就显得十分重要，虽然个体的经历与价值视域有融合或出入，但处于德育共同体这个环境中，最终其将成为整体的一员，走向融合。

（三）介体要素：集体印记与协同合作

介体要素在德育共同体之内的存在起到桥接和介质的作用，它如纽带一般维系和牵引着共同体整体与其成员及各个子部分的关系，介体之于共同体诸如人的韧带和关节对于身体一样，通过种种介质的传达与牵引，才可以使得信息、资讯和沟通在共同体整体内部有序传递、有的放矢，提升整个有机体的运行效率以及运行效果。

集体印记即指个体所在的社群拥有共同或相似的经历、感知与经验知识，这是德育共同体建构的基础所在。德育共同体建构需要集体印记与个人本源意志产生共振，个人德育价值追求之于共同体目标，使得本源意志外化得到其他成员的认可，最终达到"力往一处使"的集合效果。仅有共同生活经验的感知与阅历环境是不够的，德育共同体的建构还需要介体要素，即通过集体印记与协同合作的媒介渠道，在集体印记达成一致的同时，还需要成员整体真挚沟通、通力配合、协同合作。对于步入德育教化环境的新人个体来讲，个体要想快速融入集体氛围，领悟共同体德育目标和价值追求，一个最为有效的方式是融入他人，积极主动参与集体活动,在活动的过程中回馈个人关于德育、美善的认知,最终在活动过程中找到归属感和认同感,并且会尝试在实现自我行动的同时,配合他人协调,成为整体的有机环节和部分,力争德育共同体整体目标的实现。集体活动的过程中,成员个体需分享个人对于伦理、德善的认知和践行,即相互沟通交流,让他们真挚体验到合作、信任、利他的精神,感受到整个群体对自我目标实现和价值设定的支撑力量。当个体发觉自我践行美德路途不是自我追求的实现或者客观环境的要求,而是为了整个德育成员共同体时,带有此种社群信仰意义的责任感就变成其本源意志的真实体现,这时的自我才可达到真正的"自由自在",而基于每个个体类似状态的共同体所倡导的德育教化事业便真正成为滕尼斯所言的共同体最高阶形态——精神共同体。

二、德育共同体与其成员的关系

以共同体主义倡导者的视域来看,社会关系创造和塑造着个体,并决定着个人的基本属性以及其在共同体之内"所是和所指"的状态,个体成员建构成了共同体,并成为该共同体的有机部分。对于德育共同体的建构而言亦是如此,德育共同体因相同的德育教化目标而将成员个体紧密联系和团结起来,其对于团体成员的身份认同是重要和必须的,群体成员只有具备与其他成员和整体一致的德育培养信仰才能获得整体的认可,并践行德育共同体成立的初衷。应当说德育共同体作为整体与其成员的关系至关重要,因为社会架构与制度目标的实现归根结底还要由个体来践行,而成员与整体的关系能否融洽、和谐关乎这一架构的实现与否。德育共同体只有真正确立了其成员资格,明确在该共同体内成员的权利行使和义务承担,才可使整体最大限度地以公平正义的视角看待个人,让他们真正地践行共同体目标,最终形成共同体内人与人之间友爱、团结、公正、和谐的至善道德关系。①

---

① 孔凡建,包珉.共同体视域中的个人及其与共同体的关系[J].长安大学学报(社会科学版),2013,15(04):85-90.

(一)德育开展的主体:身份的认同

当我们要考察处于共同体之内的个体或自我概念时必然需要关涉"认同或身份"的概念。简言之,个人的认同源于个体之于整体的区别性标识,它由个体系列的个性组合而成,是对自我在生活实际中践行的区别于他者的角色感知和自我确认。在德育共同体之内,成员个体的身份认同彰显了"我是谁"这一伦理哲学命题,充分彰显了自我道德的特殊性,它理应成为德育开展的本体。泰勒认为自我身份的认同与个体在道德的航向感具有密切而本质性的关联,知道你是谁,就是在道德空间中有方向感;在道德空间中出现的问题是,什么是好的或坏的,什么值得做和什么不值得做,什么对你是有意义的和重要的,以及什么是浅薄的和次要的。[①] 戴维·米勒认为,共同体对个体而言必需的要素之一便是其对个体施展的价值认同和身份归属的决定意义,"共同体深深地使个体嵌入认同之中,是一种区别和相对于他者的情感归属。如果隔离个体与共同体的关系,那么个人的生活就将失去重要的意义"[②]。总结以上观点,构成德育共同体成员身份认同的要素主要有三个:成员资格的发现、文化和种族。从另外的视域来看,这三者亦是自我认同来源的主要方面。

首先,自我的认同源于个体成员的资格发现。处于社会关系中的自我个体,可以说无时无刻不生活在当下的各式各样的"共同体"之内,其所置身的共同体内部的价值观念、利益诉求与目标实现无不对成员个体产生深刻的烙印。而其中,诸如家庭、社区、城市、民族、国家等共同体是个体德育教化、自我认同形成的重要来源。所有的生活要素和情感归属均架构起了个体道德逻辑的起点,使得他们对于所处环境的道德认知感与他人相区别。而这些的总和,便形成了自我认同。鉴于个体成员资格对于自我认同的先决性意义,所以,在某种程度上共同体主义者亦把它称为

---

① 查尔斯·泰勒.自我的根源:现代认同的形成[M].韩震,等,译.南京:译林出版社,2008:33.

② MILLER DAVID. Market, State and Community: Theoretical Foundations of Market Socialism[M]. Oxford:Clarendon Press,1989:234.

"成员资格的认同"。

其次,共同的德育文化环境和历史背景也是构成德育共同体内部成员身份认同的基本要素之一,只有在特定的道德文化传统形态中,通过文化的媒介如语言、信仰、习俗等形式,个体才可以形成特定的文化符号、图腾、认同与利益观念,最终形成关于道德观念与行为方式的自我认同。德育教化和氛围熏染都有一定的代际传播过程,德育共同体的建构均蕴含在历史的流变之中,共同的德育教化文化模式承载着属于本民族的历史传统,因此德育文化氛围也顺理成章地构成自我认同的来源。

最后,种族是德育共同体成员自我身份认同的又一重要源泉。世界各类的种族将人类划分为居住相对固定、习俗更具特色的群体,种族因其内部共通的语言、习俗、传统和血缘而在其族群内部形成稳固的认同和感知,应该来说,地球上的每个人追溯到一定的历史时期均有其所属的种族群体与所在种族的德育教化模式。依据米勒的理论,种族从以下两个方面对个体德育的认同发挥影响:其一,架构于同族血缘之上的共同信仰和图腾崇拜,构成其族群历史的成员教化认同;其二,共同的文化圈子使得个体所在的种族团体区别于其所在的社会。此种区别的差异有的体现在宗教信仰上,有的体现在语言上。

德育共同体内部成员的身份自我认同的三个源流——成员资格、文化和种族,其从本质上来讲都是"共同体式"的。成员的身份认同和自我确认在德育共同体展开活动中是具有本体性质意义的。而个体成员自我认知的觉醒、德育的实现与教化的开展,均离不开所处的共同体,共同体主义的视角不在于从个体或者自我出发,而在于个人所处的共同体,这才是其理论的出发点和落脚点。

(二)德育开展的始基:成员资格的获取

应该来说,处于社会各个阶层的人们都有自身所处的共同体,生活在现实世界的人们总会被标记为并称为这个共同体成员或者那个共同体的成员。人在社会上立足的最起码标志便是其成员资格。成员资格是自我形成认同的始基和先决条件,没有成员资格的个体,其自身的权利行使和义务承担便无从谈起。成员资格的分配和获取应当是分配正义的先行者,其作为社会资源的重要性和前端性是毋庸置疑的,因为成员资格的分配将决定个体权利的分配,它是其他一切分配的基础。就德育共同体的实现而言,共同体成员如何获得这最具"始基"性质的资格将关涉成员后继的权利行使以及共同体目标价值的实现。

沃尔泽曾在其名著《正义诸领域》中论及①,一切正义理论出发点均源于对个体成员权利解释的合理性,只有获取成员资格才能有对其他关乎政治、经济权利获取的发言权,缺失成员资格的个体处境是危险的,他们如同社会和国家的弃儿。理论上讲,市场作为相对自由的场所,人们可以在其中依据意思自治原则而进行商贸活动,它会对所有人员开放,包括无成员资质的人(当然前提是个体具有意识能力和货币),但是即使在这种境况下,无成员资格的个体也是极易受到侵害的,因为在市场环境下有些福利和安全也不被他们享有,因此交易的合法性与安全保障性难以实现。

德育共同体成员资格的获取,与其后续与共同体内部他者的交流互动,帮助共同体整体德育目标的实现都十分重要。就成员个体而言,成员资格的获取一般伴随其公民资格的获取而相应产生,但这仅仅是必要而非充分的条件,因为德育教化的开展必须建立于成员初具美德追寻和一颗向善的心,在此基础上并不需要特定的仪式或者步骤便可成为德育共同体中的一员。就中国目前的实际状况而言,出生在中国的公民群体,只要初步具有社会主义核心价值观念并拥有服务、奉献意识而且还要继续生活下去,无论其年龄、性别、民族、出身和所处的成长环境如何,均可以成为其所在德育教化共同体的成员。德育共同体成员资格的获取关系到成员各项其他利益的实现,同时也是成员与整体获得关于各种美德与善的先决条件。德育共同体的环境视域下,经由集体经验和社会生活才可以养成关于美德追寻的意识和路径;德育共同体践行和界定着成员对善

① 沃尔泽.正义诸领域[M].褚松燕,译.江苏:译林出版社,2009:38-39.

和美德的标准与尺度。个体只有真正获得德育共同体成员资格,才能获得和拥有特定关于美德和善的体验,从此角度上来讲,资格的获取之于最终关乎善的理解和实现是极其重要的。[①]

(三)德育教化的践行:权利获取和义务承担

对权利概念的辨析是西方政治哲学生产和发展的开端,以罗尔斯为代表的新自由主义视个体权利为整个理论框架的基石,其政治哲学亦被学者称为"权利优先论"。但从共同体主义的视域来看,权利的存在、展开以及践行是架构在社会现实和特定关系之上的,并没有先验性、普世的、非立足于现实境况的权利,其在本质上表现为个体与他者及其与整体的互动社会关系。德育共同体与其成员的关系很大程度上体现在成员个体权利的获取与义务的履行方面,这是德育教化践行层面最为基础和核心的部分。

自由主义者强调个体权力至上论,而在德育共同体内部,成员需要强调的是集体性权利,共同体德育目标的实现和整体成员美德信仰的践行,需要全体成员协同一致、群策群力。前者相信个人权利构架于自我内心的认知与确认以及个体权利具有独立性、特殊性的基础上,后者认为德育践行和养成的成员集体权利更具现存性和重要性,此处的集体即共同体,整体成为一个完整的"一",成员借助于相似的文化背景和传统特征,心往一处使,力往一处发,成员整体形成合力,使得德育共同体作为一个完全的独立主体,拥有独立的意志行为能力,并要求成员个体负有特定的责任义务。德育共同体承担着对成员个体的德育教化以及对共同体之外的德育感知和影响力,整体权利内容和方向的一致更能保障发挥巨大的德育教化作用。同时在德育共同体内部,共同体自身的权利性为成员利益、资源分配提供了理论依据,若没有这种功能,便不可能为全体成员提供一个关乎道德冲突解决、道德利益分配和道德规范制定的权威当局,便不可能

---

① 孔凡建,包琨.共同体视域中的个人及其与共同体的关系[J].长安大学学报(社会科学版),2013,15(04):85-90.

形成高效的力量,使得全体成员以认可和服从的姿态践行关于美德的共同生活。

关于德育共同体内部成员义务承担方面,其践行着专属于共同体内部的个体道德义务说。这里所指的道德义务,是一种基于共同体的个体成员从善责任,其宣扬善与美德的理念,在相当程度上具有强制力和约束性。区别于自由主义者个体仅承担法律强制规定义务的论点,德育共同体内部的成员道德义务的履行范畴则更为宏大,其践行的"美德袋"内容更为丰满、温和、贴近人性。这个论点的依据可以追寻到查理斯·泰勒的"强评价说"。泰勒认为是社会渐发形成的共同的善而非个体内心的自觉发现和评价机制使大众能够区分坏与好、错误与正确以及低劣与高尚。德育共同体的道德义务评价模式是一种"强评价"说,这种模式所要求的善是一种高级别的区别于一般的善(诸如吃、喝、玩、乐),德育共同体成员必须强制服从于专属那种类型级别的共同体之善,不论其个体喜欢与否。

(四)德育教化的归宿:一致的价值诉求

对美德的追求和善的寻觅体现在德育共同体整体的目标、成员个体及其与他者的德育教化信仰之上,这三者是一致的,正是一致的价值诉求成为德育教化开展的终极归宿,即无论进程和结果的模式架构如何,始终应当对德育共同体成员贯之以坚韧、孝顺、勇敢、谦逊、友善、爱国等关于善的精神和理念。德育共同体对于个体成员并非可有可无,德育教化对于成员成长和价值健全是必要的,而且是"善"的。德育共同体之于成员的必要性和价值诉求的一致性体现在:其一,生命个体的产生非由其主观意愿产生于各式各类的共同体之中,自我个体的良性成长,必须接受德育教化的熏陶和培养;其二,德育共同体对于个体的成长尤其是精神成长是必需品,当下异化与澎湃的社会使得个体的价值感和存在感极度弱化,唯有关于美德善的向往才可使个体找到内心安全的港湾并获得平静,存于共同体内部的个体在自我存在感和价值实现之余,能够获得来自他者成员和共同体的认可;其三,德育共同体是个体存在的构成性要素,处于社会现实中的个人均有自我目标和价值理想设定,而这恰恰由共同体的道德属性构成。鉴于此,我们可以断言,正是共同体和个体关乎善的追寻构成了个体自我的认同,从而真正界定了"我是谁"这个宏大命题。① 德育共同体的建构本身就是善的,其因为美好道德的追求而成为最高级别的"善的共同体"。共同体成员通过个体德育教化的感知、与他者成员共同践行关于善的追寻而展现了生命的意义和生活的价值。建构德育共同体的基本要素之一便是成员以特定的范式来探索属于全人类共同的善或者共通的公共利益。由此可见,德育共同体本身就是作为善的共同体而存在的,它作为人与人之间和谐、友好相处和沟通的介质,是人类善良生活的源泉和始基,其本身亦是个体的终极价值诉求。

第三节　德育共同体建构的类型

在个体的成长发展进程中,各式各样的共同体如影随形,对个人自我意识的提升、对社会环境的适应起着重要而深刻的作用,而个体道德素养的树立亦被多样的德育共同体所影响。依据德育共同体的载体承载与主体作用,可以将德育共同体划分为家庭德育共同体、学校德育共同体、社会德育共同体。

一、家庭德育共同体

(一)特点

家庭是人生中接触最早且最久的德育环境,基于其时间和空间上的天然优势,家庭德育有着显著特点。

其一,家庭德育具有基础性。家庭是个人最早道德习得的场所。远在周朝,我国古人便重视家庭成员早期道德教育,要正根、正本就必须从小抓起,必须"养正于蒙"。子女和家长之间有着最初的道德关系,家庭的

---

① 孔凡建,包琨.共同体视域中的个人及其与共同体的关系[J].长安大学学报(社会科学版),2013,15(04):85-99.

行为规范是儿童最初接触的道德规范,在儿童道德发展中起着重要奠基作用,影响着儿童道德发展方向和水平。其二,家长在亲子关系中,具有天然的角色权威,孩子会在日常相处中不断观察、学习并模仿家长的行为,从而建构自身的道德世界。其三,家长和子女的关系是建立在血缘关系上的深刻情感体验,孩子更易产生安全感和信任感,内心深处的道德意向也更易被触动,孩子在无形中一直接受着家庭的影响。家长和子女朝夕相处,家长在生活中给予孩子道德上的指导,可以有目的、有意识地进行针对性的显性德育,也可以进行润物细无声的隐性德育,促进其形成正确的道德认知,养成良好的道德行为习惯。其四,家庭德育是贯穿孩子一生的教育,其作用是根本的、独特的,具有不可替代性。

(二)实施对策

1.家长积极提升教育素质,承担家庭德育责任,增强家庭德育实践力

所谓"养不教,父之过",家长必须具备家庭德育的主观能动性,主动提升自身教育素质,积极承担家庭德育责任,这样才能更好地实践家庭德育。

其一,家长要主动更新自身的家庭德育观念。"爱子,教之以义方",父母爱护自己的孩子,就应该用做人的正道加以教导,将美好的道德观念从小传递给孩子,引导其成为有道德、有担当的人才。家长要摒弃功利化的教育倾向,注重孩子的道德教育,把道德教育放到家庭教育的重点位置。其二,家长要主动学习家庭德育相关理论和技能,提升自身德育能力,探寻正确的教育思想、科学的教育方法,以针对性的教育行动来引导孩子。经典的教育著作不但能够帮助家长获得正确的教育认识,还能提升家长的教育鉴别力,减弱市面上各种教育"快餐"带来的干扰。家长还可以主动请教相关教育专业机构、专业人士等,以提高自己教育效率和品质。其三,"行有不得,反求诸己",家长也要学会在教育中反躬自省,不断修身,养成教育反思的习惯。受经验的干扰,家长在教育过程中容易过度依赖以往存留的教育观点和教育方式方法,从而忽视对这些经验进行合

理的思考,最后导致教育结果不尽人意。所以,家长要善于在日常具体的教育实践中不断总结、反思,不仅要积淀成功经验,优化不足之处,还要注重孩子在教育过程中给出的各项反馈。

2. 家长树立全面发展的德育目标,丰富家庭德育内容,使孩子内外兼修

家庭德育应以促进人的全面发展为最终目标,德育内容不仅要关注外在道德行为要求,还要重视内心道德修养,要实现全面发展。首先,家长要尊重孩子的个体性,不要把自己的意志强加给孩子,给孩子自身意志发展的空间,尊重和顺应孩子的天性,创造孩子实践成长的机会,引导孩子发现并认识自己,获得独立自主、坚韧不拔的优良品质。家庭德育基础目标之一,即引导孩子建立一个完整且强大的自我,有自己明确的认知和方向,能建立并坚持自己的原则,独立思考且持续奋进。其次,在这个发展全面提速、竞争日益激烈的时代,优良的身体素质和健康的心理素质,对于每个青少年而言都是必不可少的。家长不能局限于孩子的智力培养,也要关注孩子的身体锻炼,引导孩子增强体质,并适时给予孩子恰当的心理健康教育,注重生命教育、挫折教育、感恩教育等,培养孩子积极的心理品质,全方位促进孩子身心健康发展。最后,新时代家庭德育也必须渗透民族自尊心、自信心和自豪感的爱国教育,要培育孩子国之大德的意识和家国情怀。"穷则独善其身,达则兼济天下",家国紧密相连,家庭德育切不能忘记引导孩子树立心中有祖国、心中有集体、心中有他人的大德意识。优秀的青少年既要有"小德川流",丰富内在修养,也要能"大德敦化",胸怀国家和未来。

3. 家长应采取科学家庭德育方式,以孩子为中心,实现高效家庭德育

教育应以孩子为中心,德育更是如此。家长应当积极主动地认识孩子,认真深入地了解孩子,分析孩子不同年龄段的道德发展特点,选择恰当合适的教育方式,让道德走进孩子的内心深处,自主内化为个人的精神品质。只有这样,德育才能具有生命力和现实意义。

首先,家长要信任孩子,与孩子产生情感共鸣;学会正面教育,以理服人,而不是不容置辩;学会站在孩子的角度思考,积极鼓励,正确引导。理性且民主化的道德引导,更易激发孩子内在的潜质与活力,充分调动孩子向上向善的能动性,孩子会心甘情愿地接受教诲,增强家庭德育的有效性。其次,家长要注重自身的榜样力量,以身作则,率先垂范。所谓"身教重于言传",家长要注重提高自身的文化素质和道德修养,身体力行,以自身良好的形象潜移默化地影响孩子,做好孩子人生中的道德楷模,于无声处达到德育育人目标。最后,家长还要放眼于道德实践活动,充分发挥孩子在德育过程中的主体作用,引导孩子在道德实践中自主体验、自主感受,从而加深道德认知、强化道德行为。总之,家长要科学引导孩子进行自我的道德建构,让孩子在家庭教育中实现有效的德性成长。

4.家长要着重从生活氛围、情绪氛围、文化氛围来建设安全的德育环境

成长早期的孩子,大约有三分之二的时间会在家庭中度过,而且完全依赖于家庭成员,所以家庭环境在孩子终身成长过程中起着至关重要的作用。良好的家庭环境是孕育孩子良好品德的优质土壤。

首先,家和万事兴,和睦的家庭生活氛围是基础的德育环境。家长要正确处理家庭成员间的相互关系,制定正确、合理的家庭规范,引导孩子的言行举止,维护家庭的和谐稳定,如日常生活中与人和睦相处、平等沟通、尊老爱幼、语言文明、互信互帮、互让互谅、互慰互勉等。其次,家庭中健康的情绪氛围会为孩子的道德发展保驾护航。孩子是家长情绪的接收器,家长要减少过度的负面反馈,避免破坏孩子心中的安全感;反之,要增加积极向上的正面反馈,让孩子感受到自己是被接纳、被理解、被尊重和被关注的,如此,有助于孩子形成积极健康的人生态度,从而促进孩子德性成长。最后,丰富的家庭文化氛围是家庭德育的助推剂。家长可以带头鼓励孩子随时阅读、随处阅读;渲染互动、互学的文化氛围;组织有意义的文化活动,如探学博物馆、家庭旅行等。良好的文化氛围有助于提升孩子的文化素养,推动孩子养成良好的个性、思想品德和行为习惯。

二、学校德育共同体

(一)学校德育共同体的构成

学校德育是教育者根据一定社会或阶级的要求和受教育者品德形成发展的规律,有目的、有计划、系统地对受教育者施加思想、政治和道德影响,并通过受教育者积极的认识体验、身体力行,把一定社会的思想道德规范转化为受教育者个体的思想品德的活动。

我国社会主义的学校德育包括以下三个组成部分。

政治教育,即引导受教育者坚持社会主义道路,坚持共产党的领导,逐步形成爱憎分明的政治态度和立场。

思想教育,即引导受教育者逐步掌握辩证唯物主义和历史唯物主义的基本观点,以形成科学的世界观和正确的人生观。

道德品质教育,即引导受教育者逐步掌握社会主义的道德规范,履行道德义务,以形成高尚的品德。

在上述三者中,道德品质是基础,尤其是中小学德育,更要注重培养受教育者良好的基本道德品质。但是三者又是相互联系、相辅相成的,不可有所偏废。我们应使三者相互促进,以发挥它们在培养受教育者品德中的最佳整体功能。

(二)学校德育共同体"一体化"的主要路径

1. 注重学科课程教学的"一体化"育人

学校德育"一体化"建设首先要关注的领域是学科课程教学的"一体化"。由于学校生活的绝大部分时间在课堂,所以立德树人的根本任务要落实到各学科的教学目标中,有机融入教学的全过程。实现这一目标的现实问题与困境,主要来自技术理性对教育实践的全面入侵,教育蜕变为教学的技术。德育课堂上的德育容易沦为说教,而其他学科课程,德育任务又很难有机融入。这个问题的根本解决,有赖于教师素质的提升。学校要把教师发展视为具有决定意义的常态工作,可以通过设置课题研究的方式,鼓励探索、改革之举。

各学科课程教学都需要在深刻把握学科知识内容的基础上,认识学科教学的"至善"境界,联系生活实际,挖掘立德树人的思想资源,充分利用现代教育技术和媒体资源,精心设计教学内容,优化教学方法,注重学生道德认知境界的不断提升。

学校课程一般有三类:人文、科学、艺术。人文课程倾向价值理性,易于挖掘道德和善的元素。然而,人文课程不仅仅能培养道德和善,也能培养科学和艺术品质。人文课程中科学精神的培养、科学思维方式的形成、过程与方法的把握和运用等与科学课程相比有自身的独特性,其中最明显和突出的一点是存在着更大的不确定性。培养问题意识,鼓励思考、质疑是比掌握知识点更为重要的教学目标。

科学课程能够为具有喜爱大自然、富有好奇心、对实际生活世界的一切充满兴趣的孩子创设良好的条件,提供充足的精神营养和教育资源,提升其科学探索的能力、习惯及方法。科学课程也有德育的任务。科学的本质意义是求真知,这是个"知德"问题,如只将科学视为工具理性,必然在实践上导致工具理性与价值理性的分裂。

艺术课程不仅仅是培养审美意识,同样也有求真、求善的价值取向,不真、不善,不可能是美的。艺术教育在培养想象力和创造性方面有着别的学科难以相比的强大优势,这是科学研究必需的品质。艺术教育在使人心灵和谐方面也有其独特的功能,能有效地促进个体和谐均衡地发展。

总的来说,这三类课程追求的是真善美,三者之间既有区别,又相互联系。科学、人文和艺术课程相互融合、相互交叉,三者缺一不可。

2.营造学校文化育人的整体场域

学校德育"一体化"的第二个重要领域是文化建设的"一体化"。校园要建成美丽的精神家园,激人向上,励志尚善,必得花大气力,要考虑的因素有空间设施、园林设计、心理空间、行动空间,要从物质文化、精神文化、制度文化及习惯和行为方式等方面来体现核心理念。

首先,要在"全面性"上下功夫,让"立德树人"与"人的全面发展"内在关联。由于学生在学校的大部分时间都用在对学科知识的把握上,如果只埋头学习课本知识,人就失去了感知丰富多彩的世界并发现意义的机会,从而容易造成内心世界的贫乏和苍白,需要以学科课程学习之外的方式来弥补。校园文化建设也要致力于全面占有学科课程之外的物理空间和精神空间。物理空间指诸如建筑、草木、道路、场馆、宿舍、食堂等一切物质形态;精神空间指负载着真、善、美价值追求的文化符号。

其次,要提升文化品位和质量。我们应在校园文化的设计和建设方面充分利用有利资源,多动脑筋,发挥想象力和创造力,力避平庸,刻意创新,提高境界,提升品位。物质文化建设应秉持核心理念,突出生命性、艺术性、励志性、教育性,要将优秀传统文化及崇德向善理念,以精美的、直观的、生动的艺术形象加以展现,让"不言之教"蕴含于所有经过精心设计的文化符号之中。

3. 构建实践活动"一体化"育人的体系

德育的最高境界是知行合一,因此学校德育"一体化"建设需要充分关注实践活动育人领域,构建活动课程、社会实践、劳动教育等"一体化"的育人体系。

(1)充分发挥活动课程的德育功能

活动课程与学科课程最大的不同,是通过组织化的活动,让学生亲身体验并获得直接经验。活动课程具有情境性、主体性、综合性、生动性等特点,在德育方面有着课堂教学难以相比的优越性。开辟第二课堂,是最重要的育德途径。活动课程的设计,要从德育需要和学生兴趣出发,注重学生的主体性,调动学生参与的主动性和积极性。活动课程设计要有鲜明的主题,内容丰富多彩,形式多种多样,灵活运用知识,价值取向端正,激励学生向上,使其身心愉悦健康,促进学生形成良好的思想品德和行为习惯。

(2)社会实践要与综合实践活动密切配合

每学年都要安排一定的时间(至少一周),组织学生广泛参与有益于身心健康发展的社会实践活动,加强学校与社会的联系,让学生认识社会、提高社会责任感,促进创新精神和实践能力的增长。各类主题实践活动可在公益性文化设施、专题教育社会实践基地、历史博物馆、爱国主义教育基地、科技馆、美术馆、文物展览馆、烈士陵园、革命纪念地等进行。研学旅行也是开展社会实践的一个方式,也应纳入学校教育计划。

(3)把劳动教育作为立德树人的重要途径

一是强化劳动观念,弘扬劳动精神。将劳动观念和劳动精神教育贯穿人才培养全过程,贯穿家庭、学校、社会各方面。注重让学生在学习和掌握基本劳动知识技能的过程中,领悟劳动的意义价值,形成勤俭、奋斗、创新、奉献的劳动精神。二是强调身心参与,注重手脑并用。把握劳动教育的根本特征,让学生面对真实的个人生活、生产和社会性服务任务情境,亲历实际的劳动过程,善于观察思考,注重运用所学知识解决实际问题,提高劳动质量和效率。三是继承优良传统,彰显时代特征。在充分发挥传统劳动、传统工艺项目育人功能的同时,紧跟科技发展和产业变革,准确把握新时代劳动工具、劳动技术、劳动形态的新变化,创新劳动教育内容、途径、方式,增强劳动教育的时代性。四是发挥主体作用,激发创新创造。关注学生劳动过程中的体验和感悟,引导学生感受劳动的艰辛和收获的快乐,增强获得感、成就感、荣誉感。鼓励学生在学习和借鉴他人丰富经验、技艺的基础上,尝试新方法、探索新技术,打破僵化思维方式,推陈出新。

三、社会德育共同体

社会德育是家庭、学校以外的社会教育机构,通过舆论宣传、环境熏陶等各种方式,对广大社会成员施加政治思想和道德影响,以培养其社会所需要的思想品德的教育活动。社会德育的目标是提高整个社会成员的思想水平、政治觉悟和道德素养。

(一)社会德育的特点

社会德育与学校德育、家庭德育相比,具有自己的特点:一是内容的多层次性,能及时反映社会意识的变化和精神文明建设的最新成果;二是对象的广泛性,包括各种职业、各种年龄阶段的人们;三是实施机构设施的多样性,我国校外儿童教育有少年宫、少年之家、儿童影剧院等,成人教育有宣传部门、工青妇组织、各种成人学校、培训班、图书馆、文化宫、博物馆等。

(二)社会德育的内容

开展社会德育,在内容上也要注意时代性和针对性,要密切联系民众的生产与生活实际,在结合时代要求的过程中,使公民道德教育深入民心,深得民心,为人民所信服,取得人民的支持。

1. 社会公德

社会公德是全体国民在公共生活与社会交往中应该遵循的一致行为准则,突出表现在公共场所、公共秩序、公共财物等社会各方面。社会德育要推动公民在社会公德方面的进步,在全社会大力倡导以遵纪守法、保护环境、文明礼貌、爱护公物、助人为乐等为主要内容的社会公德,通过各种制度,促进社会公德的纪律化,要求每一个公民都要遵守公共规则,按公共秩序办事,养成良好的公民习惯。

2. 职业道德

从业人员在职业活动中应该遵循的行为准则是职业道德。社会德育在大力倡导人们树立自立意识、竞争观念、效率观念、创新观念的同时,还应该对人们进行以奉献社会、服务群众、爱岗敬业、诚实守信、办事公道等为主要内容的职业道德教育,使社会从业者树立正确的职业观念、职业态度和职业技能,养成良好的职业纪律和职业作风。社会德育可以把社会知识教育、技能教育、专业教育、培训教育与职业道德教育相结合,在提高从业人员职业技能的过程中,完善其职业道德。

3. 家庭美德

每个公民在家庭生活中应该遵循的行为准则是家庭美德,涵盖了家庭、家族、邻里之间的关系。社会德育可以通过指导家庭教育等方式,引导家庭教育走向科学化、民主化。在社会德育的过程中,渗透对家庭美德的指导,倡导以邻里团结、夫妻和睦、尊老爱幼、男女平等、勤俭持家为主要内容的家庭美德。

总之,开展公民道德建设,必须坚持道德教育与社会建设相结合的原则,坚持注重效率与维护社会公平相结合的原则,坚持社会管理和道德教育建设相结合的原则,要从社会民众的实际出发,结合社会教育的事业与活动来进行,使道德教育的内容渗透丰富多彩的教育活动中。

(三)提高社会德育工作实效性的对策

1. 坚持社会主义核心价值观

社会主义核心价值观是社会主义核心价值体系的内核,是社会主义核心价值体系的高度凝练和集中表达。积极培育和践行社会主义核心价值观,对于巩固马克思主义在意识形态领域的指导地位、巩固全党全国人民团结奋斗的共同思想基础,对于促进人的全面发展、引领社会全面进步,对于集聚实现中华民族伟大复兴中国梦的强大正能量,具有重要现实意义和深远历史意义。

2. 传承传统文化

我们应当吸收其他国家和民族的优秀思想文化来充实发展自己,但一味强调融入世界的共性,不强调本民族文化的个性,是极其危险的。我们在接受其他文化时不能舍本逐末。中华优秀传统文化是我国文化软实力的源头活水,它作为连接我国历史、现在和未来的主流精神文化,是中华文明历久弥新的独特优势,是中华民族生生不息的精神支柱,是中华民族走向复兴的深厚实力。

3. 德育途径要多样化

德育教学不能仅采取一个模式,可以利用课堂教学、专题讲座、社会实践、心理辅导、文化渗透、个人关怀等多种途径。德育教学应把握住鲜明的社会主义方向,把课堂教学作为传授道德知识、道德规范的主阵地,将德育的内容渗透学生的生活、学习中去,让学生在活动和实践中明确道德价值标准。德育教学不能只顾整体教育,还要注重对学生的个体关怀,让每一个学生都健康成长。

4.德育平台要多样化

德育载体必须适应新的变化,从激发人的积极性、主动性出发,合理运用传媒、网络等现代技术手段,构建融合社会、学校和家庭为一体的德育平台体系,冲破传统的道德灌输模式,实现德育手段、方法、方式的变革,增强德育的说服力和影响力。

当前,德育受社会、家庭环境的影响日益增大。从全社会的角度看,各有关方面都要积极参与德育建设,促进社会主义精神文明建设,从而促使德育工作向着更深更远的方向发展。

第三章

立德树人视域下的高校德育工作

第一节 立德树人视域下高校德育工作及其量化

一、立德树人与高校德育工作之间的关系

首先,立德是高校德育的根本。在古代,人们倡导的是仁、义、礼、智、信,到了现代,人们倡导社会主义核心价值观,这些都体现了立德的重要性。高校应该注重德育,即用社会主义核心价值观对高校学生进行思想政治教育,让学生了解其意义和价值,树立正确的价值观,加强自己的道德修养,提高政治觉悟,这是高校德育工作的根本。

其次,树人是高校德育的核心。教育者要始终把德育和树人作为教学的根本任务,促进学生全面发展,提升学生的思想道德素质,让学生成为具有综合素质的人才;让学生具有正确的价值观,有自己的独立意识,成为对社会有用的人。

二、我国高校德育教育的改革措施

(一)坚持"以学生为中心"

高校要进行德育教育,首先,应明确德育教育在教育工作中的重要地位。在进行德育教育的过程中,要针对不同的学生制定不同的教学方法,不能仅以一种教学方法进行德育教育,要坚持"以学生为中心",培养学生的自主性。其次,高校应确定统一的德育教育目标,并根据不同的学生设置不同的路线,最终实现德育效果,使学生不论在德育方面还是文化方面,都可以很好地适应社会,并且实现个人价值。

(二)与时代齐头并进

社会在进步,高校的教育也要随之进步,不管哪个领域,都要不断创新才能有坚持下去的动力。教育一定要有前瞻性,能够服务于学生,并且能为社会培养优质的人才。同时,要有专业和高素质的教师,要大力培养教育界人才,要有更为严格的选择标准,只有这样才能推动教育事业的发展。

(三)建设一支德育师资力量强大的团队

想要实现高校德育工作的优化和改革,教师作为主要引导者,必须肩负起相应的责任和义务,为学生的思想道德、价值观念的形成等进行正确、积极的引导。首先,高校要注重对教师团队的定时培训,提升教师的专业能力和综合素养,比如,定期组织培训会和教师交流会等,将一些先进的教学理念渗透给教师,促使教师的思维跟上时代的发展变化。其次,教师自身也要加强学习,通过各种途径来提升自身的文化素养,审视自己在德育教育方面的不足,根据现实情况不断创新教学模式,提高德育教育的质量,促进学生道德素养的提升。最后,教师要多了解学生,坚持"立德树人"的教学理念,与学生建立亦师亦友的新型师生关系,倾听学生的心声,帮助学生解决问题。

三、立德树人视域下高校德育工作的量化

(一)提高高校德育工作者的素质和能力

1.努力提高个人德育素养

高校德育工作者作为立德树人的执行者,应该加强德育理念的学习和研究,坚定德育为先的工作思路。德育工作的量化标准需要德育工作

者在深入了解德育内涵的基础上制定与执行,量化的最根本目的就是通过考核督促大学生了解德育的内容并付诸行动,进而形成内在德育意识。高校德育工作者应该积极引导大学生在专业学习、校园文化、社会实践、自我管理等方面与社会主义核心价值观相结合,把实现中华民族伟大复兴的中国梦作为奋斗目标,坚定为社会主义事业贡献力量的决心。

2.树立正确的德育观

高校德育工作者要树立"立德树人"的理念,以"四个引路人"思想为指引,锤炼学生品格、教授学生知识、创新学生思维、教导学生奉献国家。认真做到德育与智育相结合,关注学生的切身利益和思想动态,从我做起、从小事做起、从现在做起。努力实现国家中长期教育改革和发展规划纲要的要求,坚持全面发展,全面加强和改进德育、智育、体育、美育,坚持文化知识学习与思想品德修养的统一、理论学习与社会实践的统一、全面发展与个性发展的统一。

(二)德育工作量化要以人为本,共性与个性相统一

1.坚持以人为本,从学生的实际出发

大学生作为独立的个体在生理上趋向成熟,但在心理方面仍不完善,高校德育工作要充分尊重学生的主体地位和需求,引导学生提高德育认知能力,坚持德育、智育、体育、美育、劳育"五育"结合,培养具备综合素质的新时代大学生。

2.注重个性化引导

由于性格、价值观、家庭环境、成长环境等的不同,大学生之间存在差异,德育工作的开展应该在充分了解个体差异的基础上进行,需要深入关注个体的学习、生活、思想特点,采取有针对性的考核手段,以满足学生的个性化需求。同时将社会教育资源与教学资源相结合,让学生在社会实践中增强道德意识和实践能力,做到知行合一。

3.加强沟通反馈

高校要改变传统的强迫学生学习的思想,形成集讲座、社会实践、志愿活动、各类竞赛等于一体的考核方案,引导学生主动学习和思考,激发学生的学习兴趣和探索、创新精神。让学生在参与活动和沟通交流中产生危机

意识和竞争意识,校内校外相结合,增强学生的历史使命感和责任感。

第二节 立德树人视域下高校德育功能的拓展

一、立德树人视域下高校思想政治理论课的德育功能

高校思想政治理论课是促进学生树立正确世界观、人生观和价值观的基础课程,它关乎社会主义人才培养的质量,关乎党和国家事业的未来发展,因此,高校中实现思想政治理论课教学与德育工作融为一体是至关重要的。

(一)立德树人在高校思想政治理论课中的地位

首先,立德树人是高校思想政治理论课教学的根本任务,这既是对优秀教育思想的传承,又是对党的教育理念的升华。其次,立德树人是以人为本理念在高校思想政治理论课中的充分体现。高校思想政治理论课的德育功能日益显著,有助于高校学生展现出自信、自强的良好品格。最后,立德树人是高校思想政治理论课的根本要求。《中华人民共和国教育法》规定:"教育应当坚持立德树人,对受教育者加强社会主义核心价值观教育,增强受教育者的社会责任感、创新精神和实践能力。"可见,立德树人是教育的根本要求,是学生形成社会主义核心价值观的基础。

(二)提升我国高校思想政治理论课德育功能的对策

思想政治理论课教学与德育教育应该是融为一体的。立德树人是高校立身之本,高校思想政治理论课应树立育人为本、德育为先的教育理念。具体对策如下。

第一,高校思想政治理论课教师是高校德育工作的一线指导者,思想政治理论课教师应将德育放在培养人才的第一位。践行立德树人需要高校思想政治理论课教师与时俱进,树立"德"的标杆,确立"德"的根基,切实提高内在品质,以身作则、身体力行,把学科知识和德育教育有机结合,使德育贯穿整个思想政治理论课教学过程。

第二,教师要不断充实思想政治理论课教学内容,努力改进教学方法,突出与时俱进这一特点,将课堂教学与实践环节融合到一起。例如,教师可以充分利用我国改革开放取得的伟大成就活动材料引导学生,加强德育在思想政治理论课中的作用,体现高校思想政治理论课的创新性和时代性。

第三,高校思想政治理论课要坚持改进和加强。全国高校思想政治工作会议提出了思想政治理论课的建设原则和方向,其原则是改进,目的是加强,并以实现立德树人为根本任务。

二、立德树人视域下高校资助育人体系的德育功能

近些年,高校资助育人成了教育界的热点话题。在高校扩招的背景下,大学生数量不断增加,困难学生人数也随之增多,他们是高校中不可忽视的群体。高校要顺应"立德树人、科教兴国"的理念和方针,全面深入开展高校资助育人工作,发挥德育的功能。

(一)当前高校资助育人的概况

在高校学生管理中,学生资助工作始终是管理的重点,不但能够帮助困难学生完成学业,而且可以培养出业务水平高、专业能力强的优质毕业生。在具体开展高校资助育人工作中,需要准时发放资助金、精准评定资助的对象,对学校各方面的育人主体都要有所涉及。高校资助育人要在立德树人的基础上发挥出应有的德育功能。

(二)基于立德树人的高校资助育人的德育功能

1.高校资助育人的德育功能

(1)调控功能

在高校资助育人这一工作体系中,德育的调控功能指的是德育价值取向会影响资助工作的总体目标,体现在具体资助工作中就是德育工作和高校资助育人的充分结合。高校需要改变原有的纯粹资助思想,不可以将资助学生的工作当成一项事务性工作,借助高校资助育人所具备的

调控功能,可以增强德育形式和德育内容的针对性,提升高校资助育人的效果,从而使立德树人目标最大化、最优化实现。

(2)激励功能

德育的激励功能指的是给予困难学生精神上的鼓励。如果学生具有良好的精神状态,乐观、积极地学习和生活,就会勇于面对各种生活中的挫折和苦难,对生活充满信心;相反的,如果没有良好的精神状态,学生遇到挫折和困难以后便会产生消极认知。从实际情况看,高校资助育人既要在物质上给予学生帮助,又要组织开展心理援助、精神关注等一系列实践活动,从而利用优质的教育资源进行高质量育人工作,促进大学生全面发展与健康成长,促进教育公平。制定高校资助育人的工作体系、政策、制度时,必须对困难学生的内在需求进行全面考虑,充分关注学生的内心世界,将学生内在的积极动力有效激发出来,让学生敢于面对生活、学习中的各种问题和挫折,对未来有所期待。

(3)评价功能

德育的评价功能指的是我国的资助监督管理部门在考核高校资助育人工作时,需要把德育效果、立德树人成果当成该工作成效评价的重要标准,要求高校不但要始终遵循与贯彻我国制定的每一项资助学生的政策,让困难学生能够顺利完成学业,而且需要对接受资助的学生的心理状况、思想品德进行动态、实时的关注。如果学生在接受国家的资助以后,表现出积极、乐观、向上的精神状态和面貌,那么高校资助育人的效果为良好;如果学生出现消极的反应,那么高校资助育人工作可能仍存在不足,可能偏离了该工作的出发点。

2.提升高校资助育人德育功能的有效途径

(1)资助育人方法融合立德树人理念

目前,高校资助育人这项工作一般是辅导员、学生干部来进行的,采用的资助育人方法决定着立德树人的最终效果,必须根据困难学生自身特点与资助育人内在规律有序开展,对原有资助育人方法加以优化和改善。为此,教育困难学生的过程中,不但要向困难学生传递来自学校、社会、国家的帮助与关心,而且要给予困难学生心理上的安慰,减少他们的心理落差,将困难学生的上进心和感恩心理有效激发出来。

同时,高校资助育人过程中为了实现立德树人的渗透,需要充分结合典型事例,将榜样具有的正能量发挥出来,挖掘育人工作中的模范典型,从积极努力、无私奉献、感恩回报、真诚待人等不同角度树立和挖掘困难学生的学习、生活榜样。高校应该在立德树人的基础上对资助育人方法进行创新,充分利用信息时代的各种网络平台,使高校资助育人工作更加贴近困难学生的生活。

(2)资助管理机制渗透立德树人理念

进行高校资助育人工作时,要贯彻和落实立德树人这一根本任务,建立高校资助育人的制度。

首先,应该以服务为导向建立资助育人评审制度。评审工作是对困难学生开展资助管理的重要工作内容,高校应该综合学生的基本诉求,对原有制度进行完善,做好心理指导、建议征求、申报辅导等高校资助育人的配套工作。

其次,应该以问题为导向,建立推广教育制度。对现阶段高校资助育人中出现的缺陷与不足,可借助评审申报流程的规范加以解决,针对学生人际关系不好、政策了解不深入、思想觉悟低等问题,应借助广泛的宣传、推广教育来解决。在高校资助育人工作中,要完善推广教育制度,大力宣传资助育人政策,进行正向的引导。

最后,应该把效果当作导向,建立评价考核制度。进行高校资助育人的各项工作时,要想把立德树人应有的作用全面发挥出来,就要健全原有的评价工作制度,有效建立起与资助育人制度、资助管理制度相结合的评价制度。由此能够看出,规范高校资助育人管理能够保证工作的正确实施,并且高校资助育人水平的提升也是提高管理工作质量的重要前提,必须通过行之有效的评价考核机制将二者有机结合。

(3)资助育人体系保障立德树人渗透

高校资助育人工作必须与立德树人理念有机结合,提供多种服务保障与管理保障。只有提供全方位资助服务,高效完成困难学生的资助办理工作,才可以使困难学生真正受益,从而贯彻和落实立德树人理念。从资助育人的保障制度角度来看,可以发现这项管理工作具有一定的政策性、系统性与复杂性,而且持续时间长、覆盖面广;而原有的资助育人形式逐渐不符合现阶段高校资助育人的需求。因此,需要进一步完善高校资助育人的保障机制,与资助育人作用相结合,使具体工作流程得到简化,降低交叉工作的强度,这样一来,既能提高困难学生的满意度,也可以减轻工作人员的资助管理负担,将更多时间和精力投入立德树人工作。

相关人员应该对当前高校资助育人的概况有一个全面了解,认识到高校资助育人具有的调控、激励、导向、评价等德育功能,通过资助育人方法融合立德树人理念、资助管理机制渗透立德树人理念、资助育人体系保障立德树人渗透等途径提升高校资助育人的德育功能,从而在立德树人的背景下促进困难学生的综合、全面发展。

三、立德树人视域下高校社团的德育功能

(一)高校社团的德育功能

社团在大学生活中不可或缺,作为承载德育功能的一个有效载体,高校社团能够吸引大学生广泛参与。高校应该重视发挥社团的德育功能,坚持围绕"育人为本、以德为先"的理念开展社团活动,有效地提高大学生的道德修养,改善高校德育工作的效果。

1.培育和践行社会主义核心价值观

大学生的价值观还没有完全成型,"拜金主义"和"物质主义"的价值观念对大学生影响较大,同时,网络的迅速发展使大学生的价值观更容易受到外界信息的影响,在这种情况下,高校不仅要注重理论知识的传授,也要注重大学生价值观的养成。

高校社团作为第二课堂,是思想政治教育的重要渠道,与略显枯燥的第一课堂相比,社团活动生动的形式和丰富的内容对大学生有更强的吸引力。在参与社团活动的过程中,大学生不知不觉地受到感染,其社会主

义核心价值观也更容易受到培育。

2.增强集体意识和团队协作精神

任何人都不能脱离社会独立存在,人的本质特征就是社会性。但在互联网大时代的背景下,大学生之间面对面的交流越来越少,其中有一部分学生以自我为中心,出现"人际交往障碍症"甚至自闭倾向。高校社团把志趣相投的个体凝聚在一起,给大学生之间的交流架起了一座桥梁。这样一来,大学生开始从自己的小世界走出来,融入学校社团这个集体中,与其他同学交流、互动。在社团活动过程中,社团成员会逐渐意识到自己的不足,认识到团结的重要性。

3.进行心理调适和发展健全人格

如今的大学生处于宽松的时代环境,涉世不深,抗挫折能力较差。在大学生活中,学生不仅面临着学业的压力,也面临着人际关系和就业等方面的压力,不少大学生出现了不同程度的心理问题。近几年,大学生的心理健康问题开始引起社会的关注,有效地开展大学生心理健康教育变得刻不容缓。然而,促进大学生全面发展只依靠第一课堂很难实现,高校社团作为第一课堂的延伸,其丰富多彩的形式和内容可以使大学生在展现自我价值的同时有效缓解压力并克服不良情绪,在社团活动中,社团与社团之间、社团中各成员之间的沟通和互动对心理调适也非常必要。

(二)有效发挥高校社团德育功能的主要途径

1.以立德树人为宗旨,充分挖掘社团的德育资源

社团在发展的过程中不仅要发挥愉悦身心的功能,更要努力提高活动的质量,发挥社团的德育功能。对不同性质的社团来说,开展活动时社团应该找准自己的定位,紧密围绕社团成立的宗旨和目标来弘扬社会主义核心价值观,发挥育人功能。例如,文艺类社团在活动内容上可以多选择红歌和民族舞等,展现优秀的传统文化;学术类社团可以举办思想政治教育方面的知识竞赛;公益类社团可以注重开发更多可参与的公益项目吸引大学生的加入;等等。

此外,社团活动应该力求以新颖的形式来培养大学生的兴趣,提高大

学生的活动参与度。高校应该鼓励社团之间、社团内部的部门之间进行比赛和合作,在提高社团成员活动积极性的同时,使社团之间得到更多的交流。

2.加强社团骨干培训,确保社团德育功能的持续性发挥

社团德育功能的持续性发挥,在很大程度上受到社团骨干素质的影响。如果社团骨干作风正派、能力较强,社团的发展就较好,社团德育功能的持续性发挥也能得到保证。因此,高校要重视社团学生骨干的培养工作,制定一套完整的培训机制来解决社团管理者素质参差不齐的问题。

首先,要深入了解社团骨干,对社团骨干从德、能、勤、绩、廉各方面进行全方位考核;其次,从社团管理特别是组织管理和文化传承等具体方面对社团骨干和社团的预备骨干进行专业的集中培训,定期进行考核,为社团的预备骨干更好地接续社团工作奠定基础;最后,多组织一些以社团管理为主题的讲座,让社团的预备骨干从一些成功的社团身上学习社团的管理方法。

3.健全机制和加强管理,保障社团德育功能的有效发挥

高校在注重学生学习成绩的同时,也要加强对社团这个第二课堂的重视。

第一,高校要提高对社团活动的重视程度,将社团的发展有机融入"三全育人"的思想政治大格局中。鼓励社团建立社会实践基地,扩大社团的辐射范围,提高社团的知名度和影响力,从而获得更多的社会支持。

第二,高校要鼓励教师积极地参与社团建设,引导社团开展有意义的活动。校团委应该针对不同的社团类别,有针对性地选任不同的专业教师和研究生指导社团的建设和管理工作,以保证社团管理的方向。比如,文艺类社团可以配置艺术专业的教师进行指导,学术类社团可以让理论知识较为丰富的教师来指导。高校应该把参与指导社团工作纳入教师业绩考核范围,从而提高教师参与社团工作的积极性。

第三,高校要对社团举办的活动严格把关。高校要对社团活动进行严格审核,对缺乏明确目标和偏离德育宗旨的活动要坚决制止,应该根据

社团活动的举办目标和育人效果,决定是否给予资金支持,尤其要对那些能够发挥良好德育功能的社团活动给予大力支持。

第三节 立德树人视域下
高校德育答辩制度的完善

坚持"立德树人"的根本任务,如何对大学生的德育状况进行评价,使德育教育具体化、有形化,真正实现德育教育全员、全过程、全方位的实效性,这是高校思想政治教育工作者面对的难题。

党和国家要求要把立德树人作为教育的根本任务,培养德智体美劳全面发展的社会主义建设者和接班人。如何贯彻落实立德树人的根本任务,实现德育教育具体化、有形化,这是摆在高校育人工作面前的命题,这就要求高校育人工作既要遵循教育规律,服务于学生的成长成才,又必须通过路径创新,在方法、内容、形式上下功夫,不断增强大学生思想政治教育的针对性和实效性。

一、德育答辩的基本概念

德育答辩制度是构建大学生德育工作体系的重要载体。德育答辩是将"立德树人、以德为先、全面发展"的德育方针贯穿始终的主要体现,是对学校德育实施效果的全面检验,是毕业生德育评价体系不可缺少的重要内容。毕业生通过梳理专业学习、身心成长、思想意识、价值取向、社会责任等方面的收获、得失及感悟,在总结中反思与成长。

二、推行德育答辩制度的现实意义

德育答辩制度是践行立德树人和社会主义核心价值观的新方法和新途径,具有建设性和探索性的意义。

(一)推行德育答辩制度是德育实践的重要举措

为了保证质量,学校规定每个毕业生都要有指导教师,每位指导教师的学生不能超过 8 人,参与德育答辩工作的不仅有思想政治课教师、辅导员、班主任,还有校院领导、专业课教师、机关工作人员。

（二）推行德育答辩制度是深化高校德育工作的具体体现

德育答辩工作制度化、规范化,是实现德育教育有形化、可视化的具体体现,是加强高校德育工作的有效方式。德育答辩要求学生按照规定格式,将自己在大学期间所接受的专业学习、思想道德、身心成长等教育效果进行全面系统的回顾总结,形成德育论文,并以班级为单位用答辩的形式进行陈述,同时接受提问并作答,由答辩评审委员会综合其平时表现,就其整体的德育表现作出评价。毕业生通过德育答辩这个平台,可以多角度审视自我,总结成败得失,为踏上新的人生征途、开创美好未来奠定坚实的基础。

三、德育答辩制度开展的基本做法和经验

（一）领导重视,保障到位

高校把开展毕业生德育答辩工作作为检验全校德育工作成效的重要手段。高校不但可以制定实施方案,还可以制定如《德育答辩规程》《德育答辩论文撰写规范》《德育答辩成绩评分细则》等相关配套文件,为开展德育答辩工作提供强有力的政策支持。校院两级在工作中,要坚持"领导重视到位、思想认识到位、宣传动员到位、措施落实到位、协调配合到位"。学院可以成立"毕业生德育答辩指导委员会",明确职责,责任到人,负责协调指导和具体工作,并安排专项经费予以条件保障。

（二）精心组织,全员参与

整个答辩流程可以分为宣传动员、论文撰写、交流答辩和总结整理四个阶段,每个阶段均明确提出时间节点和要求,校领导应该及时到二级学院检查指导,了解工作进展情况,确保答辩工作顺利进行。学校应该制定德育论文开题报告提纲、德育论文撰写规范、德育答辩鉴定表、互评表等,为规范德育答辩工作提供明确的依据。

(三)过程管理,严格要求

1.严格挑选指导教师

德育论文指导教师按照专业论文的基本要求,师生双向选择确定。教师与学生深入交换意见后确定论文题目,指导开题撰写,及时审读评阅。指导教师应该及时与学生进行面对面交谈,或在网络上保持密切交流,帮助毕业生正确认识自我、全面总结得失。

2.严把论文质量关

学生通过自我总结、交流、答辩等互动过程,对自己的大学生活进行全面的梳理与反思,总结经验与体会,分析成功与失败,剖析优点与不足。学生还可以为自己制定短期或中长期的生涯规划,进一步理解自己的人生意义和价值。同时,高校要端正学风,明确要求论文务必为本人原创,抄袭者一经发现按不合格处理。

3.强调正面引导

在论文答辩过程中,要明确每名毕业生的德育总结陈述和答辩中存在的问题,专家必须按照社会主义核心价值观以及《高等学校学生行为准则》的基本要求,及时纠正,以理服人,引导学生形成正确的认识。

4.注重总结,典型示范

高校可以将推荐的"优秀德育论文"印刷成册,作为高校大学生思想政治教育的鲜活教材,发挥示范、引领作用。

四、完善德育答辩制度的思考

德育答辩制度的推行应该重在过程,应该贯穿大学的学习生活,使其延伸至各年级的学生中,大一时进行德育论文选题开题,大二和大三进行德育实践回顾,毕业班进行德育答辩。对教师来说,学生在德育答辩过程中的自我剖析,是通过其他渠道很难了解到的,特别是为辅导员搭建了一个重要的工作平台,能全方位地了解学生的所思所想,是开展学生思想政治教育的有力抓手。

高校推行德育答辩制度,要凸显"全员、全过程、全方位"德育的有效性。第一,必须融合入学教育、日常教育和毕业教育"首尾相连"的全过程,将德育答辩制度贯穿学生教育的始终,形成全过程德育教育常态化。第二,高校要适应教育环境不断变化的新常态,积极探索推行德育答辩制度的理论和实践,进一步把德育答辩制度的推行作为加强学风、教风、校风建设的重要手段。

推行德育答辩制度不是一个简单的活动,也不是一个单一的设计环节,而是着眼于大学生德育工作体系的整体建构,是"立德树人"根本任务落小、落细、落实的重要举措。相信在各方的共同努力下,德育答辩制度将会逐步完善,从而在大学生思想政治教育中发挥更大的作用。

第四节　立德树人视域下教师的德育专业化及师德建设

一、立德树人视域下教师的德育专业化

教育是培养人的事业,立德树人是教育的根本任务。新时代,我国高等教育事业快速发展,对高校德育工作提出了新期待,也对高校教师提出了新要求。从教师的德育专业化内涵分析,"立德树人"的教育任务要求教师实现德育的专业化。高校应努力培养教师的德育意识,不断强化德育规则,认真改进德育方法,推进教师德育专业化。

德育是教育中的根本性与方向性要求,而且立德树人的教育必然要求加强高素质教师队伍的建设,推进教师德育专业化发展。高校德育渗透智育、体育、美育及劳动教育活动当中,贯穿教育教学的全过程。因此,高校教师作为大学教育教学实践的主导者、研究和改革的主力军,必须把握好教师专业化趋势,明确教师德育专业化的内涵,加快自身德育专业化的发展进程,以便更好地完成时代赋予的使命,不断开创高校德育新局面。

(一)教师的德育专业化的内涵

教育的本质赋予了教师特定的社会角色,也赋予了教师特殊的道德

要求。高校教师是高校的核心,从事的是培养人的工作,要把成长中的青年学生培养成具有可持续发展潜力的各类高级专业人才,这就决定了高校教师行为不仅涉及自身,更关乎整个学校和社会的发展。进入新时代后,加强育人载体建设,大力推进素质教育成为我国教育研究的主题,"教师专业化发展"成为焦点问题,而"教师的德育专业化发展"也已成为教育研究的热点。

要了解教师德育专业化的内涵,就要做到以下两点。

第一,要了解教师德育专业化的组成要素,即"专业知识与技能"与"专业伦理"。"专业知识与技能"指教师不仅要有渊博的科学文化知识,懂得教育规律、德育理论、德育热点等,而且要具有相应的道德修养、核心知识和技能,能够切实地指导和规范学生的道德实践。"专业伦理"则是指教师在教育教学中应坚持的教师职业道德和教师职业行为准则等。

第二,要明确"德育教师的专业化"同"教师的德育专业化"的区别。"德育教师的专业化"是指专门从事德育工作专职教师的专业化,主要是担任德育理论课教学专职的德育教师、班主任或辅导员在德育领域中的深入研究。而"教师的德育专业化"是指要落实涉及影响学生成才的全体教育工作者的育人职责,促进他们的德育专业化。

总之,教师的德育专业化从另一个角度来讲就是德育教师专业化的横向发展,它扩大了德育主体的范围,是教师队伍整体德育专业化的过程。

(二)教师的德育专业化的必要性

1.保证人才培养方向的需要

教师的德育专业化是为了解决教育现实问题。国家的前途和命运,民族的科学文化和道德水平,在很大程度上都会被教师的素质和水平所影响。每位教师都要严格要求自己,要坚持育人为本、德育为先。实现教师的德育专业化既有助于教师专业精神的形成和职业操守的养成,让教师成为学生和社会的行为示范者,又有助于教师培养适合国家发展需要的人才,使学生能适应社会变化,成为实用性人才。因此,教师需要加强自身的道德修养,提高教师队伍的整体素质,增强教师的教育信念以及社会主义认同感,从而以高度负责的态度、科学严谨的精神来培养德、智、体、美、劳全面发展的中国特色社会主义事业的建设者和接班人。

2. 提升育人质量的需要

教育是一种动态发展的过程,德育是学校全面发展教育中的主导成分。教育对不同的服务对象会呈现出不同的发展动机、需求和结果。学生要想在学习、就业以及所创造的人生中获得成功,就必须以德立学、以德立业、以德立生。对学校而言,服务育人、管理育人都需要教师的敬业爱生,教师的责任心有助于学生的成长。对社会而言,实践推进教育,尤其是德育最终的成果是服务社会,利用科学的方法来对学生进行全面培养也是社会发展的需要。加强教师的养成教育,让每位教师都能在掌握所教学科内容的基础上,优化课程结构设置,改进教学手段和方法,强化教育实践环节,有利于让教师和学生在整个教学过程中体验到教与学的思想性及价值性。

3. 教师专业化发展的需要

"教师专业发展"是指教师以专业成长为目标,以提高专业理念与师德、专业知识、专业能力为内容,动态持续的发展过程,是教师个体的、内在的专业化提高;"教师专业化"则是职业专业化的一种类型,主要强调的是教师群体的、外在的专业性提升。二者既有联系又有区别,但"教师专业发展"是以丰富和提升教师专业素质结构为宗旨,优化教师整体素质,促进教师专业化发展。"教师专业化"的内容主要为"知识的专业化"和"德育的专业化",也就是"师能"和"师德",它们是教师专业化发展的两条"腿",二者缺失任何一方都会导致教育的不平衡发展。"师能"主要指的是教师教育教学的能力;"师德"则是指教师在职业活动中逐步形成的道德观念、道德情操、道德行为和道德意志的总和,是教师应遵守的道德原则规范和应具有的道德品质,是教师专业素养的核心。

总之,"师德"和"师能"要同时得到锻炼,使教师在教育教学过程中既能遵守学术规范、潜心教书育人,又能传播道德观念,促进学生发展。

(三)立德树人视域下教师德育专业化的路径

1.强化德育内化反省,不断强化德育使命

教师的教学过程不仅影响着学生的学习活动,也影响着学生的情感、思维方式、价值观乃至个性品质等。教育是培养人的活动,其根本任务在于"育人",而要"育人"就必须把"立德"作为第一要务。教师的培养涉及教师的立场、态度和自我意识等多个方面。进行教师在德育维度的专业培养,首先应让教师意识到自身的德育身份和责任,意识到每位教师都是德育责任人,每项工作都是德育的渠道。教师职业道德的建立是迈向为人师表和教书育人的第一步,是树立良好师德形象,以德立身、以身立教的出发点。只有教师具有德育使命意识,才能将育人渗透教学的方方面面,成为"专业化"的人。

2.强化德育规律把控,不断加强德育实践

教师作为德育主体之一,既是进行认识和实践活动的人,也是被改造的对象,在改造客观世界的同时,也改造着主观世界。当教师在教学过程的各个环节都采用一种相对稳定的行为方式,且这种行为方式能成为一所学校大部分教师的共有习惯时,它就会变成教师的一种自在状态,进而成为一种教师文化。因此,学校在管理育人过程中,一方面要规范教师与国家、社会和学生的关系,践行爱国守法、服务社会、敬业爱生的准则,让教师争做"四有"好老师;另一方面,高校也要让教师在深入了解学生的同时,接受德育培训,掌握德育规律,提升德育工作能力,并督促教师在教学尤其是在德育实践过程中去寻找理论与教学实际的最佳结合点,最终由教师自己在德育的专业化方面完成"知、情、意、行"的转化,并将德育融入自己的教学习惯。

3.强化德育方法创新,不断提高德育实效

学校工作的中心是教学,教师的德育要在教学中形成,并在教学中体现。当前时代发展迅速、社会纷繁复杂,德育实践面临着各种挑战,需要学校协助教师推进德育方法的改善,一方面,要督促教师将道德观念、道德规范和道德理想付诸教学实践;另一方面,要以发展的眼光看待学生德

育的过去、现在和将来,要求全体教师更新教育方法,恪守道德准则,内化于心、外化于行,为学生全面发展铺路架桥。教师自身要确定好德育目标,深化对德育本质的认识,将德育理论和德育实践相结合并进行反思和创新。为此,教师要把德育工作放在首位,从理论研究回归到实践探索,寻找出一条立德树人的道路,合理利用德育资源,研发适合自身的德育课程和教学活动;落实立德树人根本任务,遵循教育规律和学生成长规律,做到因材施教。

二、立德树人视域下高校的师德建设

师德是德育教育的基础和保障,唯有先树立师德,才可以确保教师教育工作的顺利开展。当前形势下,影响高校师德建设的诸多因素相互交织,导致师德建设出现了一些问题。高校德育教育应该坚持教书与育人相结合,提升教师的道德修养,树立师德模范,完善激励机制、监督机制、师德考评体系等方面的制度建设。

(一)正确认识高校师德建设与立德树人理念之间的关系

1.全面理解立德树人理念的深刻意义

中华民族悠久的道德文化对现今的教育仍然具有深刻的影响,立德树人的教育理念植根于深厚的传统道德文化沃土。国无德不兴,人无德不立,道德对国家和个人都具有重要意义。

德育为先是一项意义重大的教育原则,在唐代文学家韩愈的《师说》中"传道"被看作教师最重要、最基本的任务,即传授道德的教育。道德教育在我国传统的教育体系中一直占据核心位置。社会倡导和鼓励人们自我约束,陶冶情操,追求非凡的精神境界,牢固树立正确的道德信仰。"立德"语出《左传·襄公二十四年》,即树立德业,修养品德,是为人处世的最高境界,决定着个体未来的发展方向。"树人"语出《管子·权修》,即培养人成才,强调育人为本,用合适的教育培养人才。立德树人的理念蕴含着深刻的文化意蕴。在实际教学中,教师应发挥指导作用,坚持立德树人的德育理念,在教育工作中体现师德,培养学生端正的思想品德。

2.高校师德建设是实现立德树人根本任务的基础保障

实现立德树人这一根本教育任务的基础是高校高质量的师资力量。师德水平直接影响教育的成败,教师作为高素质人才的培养者,对其职业道德的要求高于对其他任何职业的道德要求,其思想态度、行为方式会成为其教育行为的一部分,最终影响学生的人生观。唯有提高教师的职业道德水平,才能确保教育行为正常进行。因此,高校的主要任务之一就是不断加强师德建设,这将有助于教师提高抵抗物质诱惑的能力,使教师全身心投入教育中,从而提高教育质量,培养出高素质、高水平的现代化人才。

(二)当代高校师德建设的改进策略

1.实现教书和育人合一

(1)教师创新教育方式,更新自身的知识储备

坚持改进师德建设,将培育学生放在高校工作的第一位。首先,要求高校教师改变固有的、传统的教育理念和思维模式,创新教育方式,丰富教学内容,采用"体验—感悟"教学模式,将单一、乏味的说教模式改为引导、辩论、演讲等新教学模式,加强师生之间的互动,全面调动学生学习的积极性,增强教育的生动性、感染性和实效性。还要始终以培养富有创新精神、社会责任感以及具有较高工作能力的人才为目的,在实践中发挥学生的主体性作用,着重锻炼提高学生的独立思考和解决问题的能力。其次,为了应对当今经济社会快速发展带来的机遇和挑战,高校教师应该在实际工作中不断充实和完善自我,要保持终身学习的态度,以适应社会的发展。除了科研能力外,高校教师还应该强化自身的沟通、组织及管理能力。最后,高校教师还应该不断给自己"充电",更新自身的知识储备,丰富心理、政治、历史、法律等方面的知识。

(2)提升教师的道德修养,实现育人目的

在高校教育教学工作中,应该提倡教师自觉加强自身的道德修养,提升人文素质和文化内涵;要尊重学生,要高标准、严要求、公平公正地对待学生,关注学生的个体差异,悉心教导,形成彼此激励、教学相长的师生关

系,促进学生全面发展;全力倡导实事求是、积极进取、以身作则、严格谨慎、一丝不苟的教育精神和育人态度;充分发挥课堂育人的核心作用,在教学实践中自始至终开展德育工作,真正意义上实现教书和育人相结合。教师还应该加强教育理论学习,坚持以自发的育人态度指导育人行为,明确师德建设的标准和自身差距,时刻对照标准自我反思,提升自身的道德修养,给学生树立良好的榜样。

2. 树立师德模范,强化激励机制

在高校教育教学中,增强高校师德建设的舆论宣传力度,不仅可以通过校报、宣传板等传统渠道弘扬师德建设的优良风尚,还可以通过微信、微博等热门应用扩大师德网络宣传的覆盖面。例如,在校内树立先进模范典型,举行模范人物的先进事迹报告会,广泛传播他们教书育人的先进事迹,大力弘扬他们的高尚精神,让他们起到模范表率作用;也可以表彰思想道德素质良好、教书育人贡献突出、备受学生赞颂的优秀教师,强化激励机制,将物质激励和精神激励相结合,在高校教师中营造"爱模范、学模范、做模范"的良好气氛,使教师自发地加强师德修养。

3. 健全科学有效的师德考评体系

很多高校严重低估了师德的重要性,而且尚未建立起科学有效的师德考评体系。基于此,高校应该实行师德考评制度,重视学生在考评体系中的作用。例如,高校可以定期安排学生以不记名的方式评价教师的职业道德,对师德要求进行量化、标准化,制定相对应的考评体系,防止考评的盲目性、滞后性和不合理性,将高校师德建设落到实处;要确保开展客观、民主、公正、公开的考评工作,充分发挥其正面引导作用,制定符合时代要求、方便操作的高校师德考评体系;严格执行教师职业道德考评工作,以年度或以学期为阶段,通过教师个人自我评价、学生参与客观评价、领导考核评价相结合的办法,将教师的师德水平和表现录入考评体系,设立师德考评记录,并将其作为评职评优的重要标准。

4. 强化切实有效的师德监督机制

为了保证师德建设在高校内顺利进行,高校需要客观有效的督查机制作为后盾。高校应明确责任主体,建立独立的师德监督部门,实行自查和督查二合一机制,以保证监督工作能够公平公正地开展;同时鼓励群众尝试用微博、微信等媒体进行监督举报,激发群众的积极性,构建教师、社会和家长多方参与的公平、公正、公开的立德树人监督体系,以增强高校师德建设。

师德建设是教师队伍建设的永恒主题,是保证教育教学质量,培育有理想、有道德、有文化、有纪律的共产主义事业新一代建设者的重要保证。在现在的社会大环境中,高校师德建设只有与时俱进,开拓创新,才可以紧跟时代前进的步伐。因此,必须把师德建设摆在学校工作的突出位置,强化以"德育为先,立德树人"为核心的当代高校师德建设,不断改进工作思路,扎实抓紧、抓好师德建设,全力提升师德建设水平,提高整个教师队伍的综合素质,培育和塑造合格的高素质人才。

第四章　新时代高校德育的传承与创新

第一节　高校德育内容的传承与创新

德育必须与时俱进,不断进行内容等方面的创新,才能与时代的发展合拍,与社会的进步同步,与科技革命共鸣,才能与大学生的道德、思想、政治水平的发展达到具体的、历史的统一,从而在培养和提高大学生综合素质的教育活动中充满活力。

一、高校德育内容的基本理论

(一)高校德育的内容

德育内容来源于生活,随着社会发展不断得以丰富,主要包括世界观、人生观、价值观的培养,马克思主义基本原理、爱国主义、集体主义、民主法制、形势政策以及社会公德、职业道德、家庭美德、学风与校风、团队精神、心理健康等方面。对于这些教育内容,我们应进行深入的分析研究,尽可能让这些理论内容贴近生活,并融入学生的具体生活中,从而使德育的内容为学生理解、接受。随着社会的发展变化,相继出现了人生观的复杂化、价值观的多元化以及信仰的功利化倾向,这促使高校德育内容要及时完善和更新。高校德育工作内容可概括为,以和谐德育为标杆,把思想政治教育有机融入学生素质教育的各个方面,开展思想道德、法律和心理健康教育等,促进学生思想道德素质、专业文化素质和心理健康素质的全面发展。

(二)德育内容范畴的扩大

1.诚信教育

(1)诚信的内涵

在社会发展中,诚信被赋予了非常多的内涵,我们可以从几个方面来进行阐述。其一,诚实。要求为人诚恳,崇尚信义,办老实之事,做老实之人。这是我们在社会中取信于人之根本。其二,守住诺言。答应他人之事要做到。其三,拒绝欺骗。无论在人际交往还是在经济交易中,我们都要厚道,不能欺骗他人,不能以假乱真,不能用哄骗的手段来达到目的,做人做事要讲究良心,要有正气。只有做到了以上三点,才能在社会与生活中真正做到诚信。

(2)诚信教育的概念和内容

我国历来非常重视诚信教育。诚信教育的内容也非常丰富,包括学校方面的诚信教育、家庭方面的诚信教育等。通过不同的诚信教育有效促进社会的转型和进步,是我国传统文化的重要内容和特色。

①诚信教育的概念

诚信教育从广义上来说主要指人们在社会生活中所进行的各类道德教育活动。从狭义的角度来说,诚信教育指的是教育者按照一定的社会道德标准和规范,根据受教育者的身心特点进行守信品质教育的活动。目前对于诚信教育还没有一致的定义,通常诚信教育通过各类教育活动来培养学生的诚信意识、诚信行为,使得受教育者具有正确的价值观,使得受教育者的素质得到有效提升。

诚信教育不仅仅存在于学校中,实际上在人们生活中也可以通过更加广泛的教育活动达到教育目的,如通过组织社会经济实践活动、法律实践活动等进行全方位的教育。

②诚信教育的内容

诚信教育主要包括三个方面的内容:首先是诚信教育的指向对象,主要涵盖了个体诚信和社会诚信;其次是诚信的性质,包括了价值和事实;最后是诚信的范畴,包括了内在品德和社会道德。

综上所述,诚信教育指的是通过一定规范和标准对受教育者进行的诚信认知、诚信情感、诚信意志、诚信实践等方面的教育实践活动,在这里主要指的是学校通过学校场所,按照新时代中国特色社会主义核心价值观的总体要求,采取一定的科学的方式方法,对学生进行系列的诚信教育养成实践活动,使得学生在完成教育活动后能够提升诚信意识、养成诚信行为。

(3)大学生诚信教育

大学生诚信教育是诚信教育的一个分支,它将大学生群体定位为主要的受教育者,使大学生群体成为诚信教育的主要研究对象。基于此,我们该如何对大学生诚信教育进行概念界定呢?结合诚信教育的内涵,可将大学生诚信教育这一概念界定为:一定的团体或社会组织按照一定的社会要求,有目的、有计划、有组织地运用诚信道德规范和相关理论知识对大学生进行道德教育,使其在校期间形成符合社会要求的诚信品质。大学生诚信教育旨在培养大学生诚实守信、履约践诺、知行统一、不作弊、不剽窃等美好品质的目标正好满足时代发展需要,是促进社会又好又快发展的积极因素。同时,在大学生诚信教育的过程中,社会、家庭、学校可以同时作为施教者,形成教育合力,能够提升诚信教育效果。而大学生个人除了作为受教育者,还可以在教育过程中发挥自身的主观能动性,占据主体地位,使诚信教育的效果更佳。

大学生诚信教育也有广义与狭义之分。狭义的大学生诚信教育主要是指高校依据社会的需要和大学生自身发展的需求,按照道德教育规律,通过一定的教育手段培养大学生诚实守信的道德品质的过程。广义的大学生诚信教育主要是指社会上能够引导大学生接受诚信理念并最终转化为诚信行为的一切影响因素。

2.网络道德教育

(1)网络道德与网络安全

网络社会是对现实社会的映射,现实社会中的传统道德也同样映射在网络社会中。学界对网络道德并没有一套完全统一的定论,大概包括两种观点:第一种观点指出,网络道德是以虚拟空间为对象所确定的行为参照标准,目的是对人们在网络社会中的行为进行制约;第二种观点指出,网络道德的本质是实践观念,是个体对互联网所持的观点态度、在线行为规章等组成的价值机制,是对互联网行为好坏加以评判的依据。《网络伦理》①是我国首部系统讲述网络道德的著作,它将网络道德的概念界定为:网络道德实质上是一种行为准则,是对互联网背景下的人们依托网络信息而产生的社会行为加以制约的行为标准。综上所述,可对"网络道德"做出解释:网络道德是人们进行网络参与时理应遵守的道德规范,确切地说是调整、管控互联网空间中个体和个体间、个体和社会间、个体和互联网间关系的行为标准。

网络既是网络道德的基本场域,也是网络安全的基本场域,《中华人民共和国网络安全法》中有此种概念:网络安全指的是经过采取有关举措,打击对互联网的毁坏、侵扰、攻击、非法运用等行为,让互联网保持平稳的运行状态,以及确保互联网信息的实效性、保密性、健全性。由此可知,网络道德更多倾向为一种价值准则,而网络安全更多倾向为一种行为准则。

(2)网络道德教育的内涵

自教育事业发展以来,传统德育一直是教育活动的重点,而网络道德教育是对传统德育的延伸发展,是道德教育发展的全新领地。关于网络道德教育,当前研究界大致持两种观点:一是互联网背景下对于互联网使用者开展道德教育,大部分是对教育内容进行解释,使网民内化于心,外化于行,约束自我的行为,提高道德品质;二是应当把互联网当作开展道德教育的媒介,这一观点认为网络道德教育的目标、内容等是与一般德育基本相同的,区别只体现在模式与手段层面。本书更倾向于第一种观点,

---

① 徐云峰.网络伦理[M].武汉:武汉大学出版社,2007.

认为网络道德教育是和传统道德教育有一定差别的教育方式,是以互联网空间为实施范围的具有自身独特性的道德教育方式。

(3)大学生网络道德特征

①主体的自律性

新时代的大学生在网络活动中呈现出极强的主体意识,网络行为体现出明显的自我需要特征。

人的本质是一切社会关系的总和,人是生活在"熟人社会"中的,大学生群体更容易受到老师、家长、亲朋的"教育",他们的道德行为,通常受到面对面关系与道德舆论压力的制约,部分情况下所做的道德抉择并非源自真实的心里想法,而是受外部要素的影响。互联网空间开放、自由的特征使人与人之间的关系建立在数字与符号的基础上,人与人之间的交往存在极强的匿名性,传统社会的现实道德在网络社会出现"失灵"现象。外部的监管力量减弱,高校学生在互联网空间的行为规范大多依托其自身的道德认知、道德观念、道德自控力,大学生自身的主体意识发挥着重要作用。

网络这一开放的世界具有海量的信息,有关于国内外的大事,有最新的学术动态,也有娱乐性质的报道等,声色俱全、图文并茂、动静结合,大学生可以通过网络自主地获取所需要的各种知识和技能,使自身需求得到满足。在大学思政教育取得有效成果的背景下,大学生群体在网络社会的主体意识虽然提升很快,但并未脱离社会主义教育方向,反而大学生群体的主体自律性还有所提升。

②取向的复杂化

随着网络技术的飞速发展,全媒体、融媒体等新技术已经渗入大学生的日常生活,但大学生群体的价值观并未建立稳固,从众、猎奇心理又时刻伴随着他们,使他们在面临选择时就会产生迷茫心理。

相比现实社会,网络社会包容性更强,不同信仰、不同价值观都能够融入其中,彼此之间的对话交流、冲突碰撞为人们提供了多种道德选择的标准。网络社会作为一个价值多元化的社会,维护正常秩序的主导道德存在其中,不同网络主体所特有的道德标准也存在其中。经过对话交流、冲突碰撞之后,一部分能够相互融合,做到水乳交融,你中有我,我中有你;一部分无法融合,但由于彼此间无实质的利害关系而求同存异,这些无法融合的价值观念、风俗习惯、生活理念交织在一起,就使网络道德呈现出复杂化特征。当大学生接触这些文化的时候,出于猎奇心理或者从众心理,就会潜移默化地受到影响,从而导致自身价值观念发生变化。

③发展的超前性

随着网络空间全媒体、融媒体手段的发展运用,出现了一系列新的网络现象,如网络直播风靡、弹幕文化兴起以及网络剧大爆发,这些活动中的生力军就是大学生群体。这些网络空间的"新现象"既在人们的意料之中,又在人们的意料之外,充分体现了网络发展的超前性。网络道德的发展也受到了网络发展的影响,作为一种意识而存在的网络道德具有相对独立性。道德作为一种价值目标往往包含一些高于现实的理想元素。网络道德是伴随互联网的出现而诞生的事物,其一方面具有落后性,另一方面又具有超前性。就某个维度而言,互联网社会的即时通信使人们的沟通交流更富个性,人们在虚拟空间的道德观念总体上更加宽容、友善、文明与平和,这是道德文明发展的大趋势,也是"超前"的表现之一。另外,网络社会的自由度与开放度要高于传统社会,但因其缺乏外在监管体系,要确保互联网社会的健康运行,便对人们的道德自控力提出了更高的要求。对于当代大学生来说,网络已成为他们主要的交际平台,通过网络,他们能在第一时间知道全球各个角落的信息。正青春的大学生群体处在道德树立的阶段,如果现存的道德观和自己的需求一致,那么就会被其吸引,如果从中发现了合理性,就会对其认同,从而构成大学生网络道德发展的超前性。

(4)大学生网络道德教育的必要性

①营造秩序规范网络空间的必要条件

21世纪以来,网络取代报纸、广播、电视等传播媒介的主体地位,成为社会上影响最大的传播媒介。网络虚拟社会的发展给人们的日常生活带来了巨大变化,人们精神生活得以丰富,生活质量得以提升,生存方式发生变化,网络已经遍布在社会生活的各个角落,对人们的各个层面均产生了较大的不可忽视的影响。人们对互联网的依赖性加强,互联网不单单是一种工具,还是全新的生活空间。

但是网络虚拟化的生存方式使得人们认为网络虚拟社会中都是虚拟主体,不是现实社会中客观存在的人,传统的道德准则对人的约束力弱化,甚至会出现网络与现实混为一体的情况,直接影响现实社会生活。虚拟社会是网友的精神基地,积极向上的网络环境能够满足网络参与者的根本需求,而消极懈怠的网络环境则会违背网络参与者的根本利益。新时代提高大学生网络道德水平一方面需要通过完善的网络法治体系约束网络主体的行为底线;另一方面需要规范的网络伦理价值维系网络主体的道德素质与修养。自律行为的养成需要道德观念的约束,风清气正的网络环境是满足网络主体有效参与的基础保障,也是维护网络主体自身利益的有效保障。良好网络环境的建立需要立足于网络精神文明的建设,让网络道德的教育功能得到全面的发挥。唯有加大对高校学生这个互联网重要参与群体的道德教育力度,培养科学的、健康的道德思想观念,规范文明、有序的网络行为,才能发挥大学生网络参与的积极作用,同时将负面影响降到最小,营造秩序规范、和谐文明的网络空间。

②规范大学生网络行为、促进大学生全面发展的必然要求

对个人来说,道德能够体现自我修养与实现人生价值。对社会和国家来说,道德体现了秩序与和谐。随着全媒体时代的到来,网络已经是当前最具影响力的传播媒介,是推动社会主义精神文明建设的有生力量,也是弘扬社会正能量的有效渠道。重视并提升新时代高校大学生网络道德教育既体现了顺应时代发展潮流的需要,又体现了社会主义精神文明建设的必然要求。

青年兴则国家兴,青年强则国家强。当下,大学生正处在易于接受新

鲜事物和乐于追赶潮流的年龄阶段,是当前网络活动参与时间最长、参与度最高、受网络活动影响最深远的群体。部分大学生对网络的依赖性已经逐步养成,自控能力、认知水平、辨别能力等方面都有所欠缺,导致他们更容易受到负面因素的影响,形成不科学的理念,做出网络失范行为,甚至违法犯罪行为。在这一重要时期,应当注重对大学生群体的网络道德教育工作的开展,以提升大学生对不良信息的分辨力与抵制力。因此,加强网络道德教育是规范高校大学生的网络行为以及促进高校大学生全面发展的必然要求。

3. 生态道德教育

(1)生态道德的概念

生态一词最初来源于生态学。后来《现代汉语词典》将"生态"抽象定义为"生物在一定的自然环境下生存和发展的状态,也指生物的生理特性和生活习性"。我们今天所说的生态具有较广泛的意义,是以实践活动为基础形成的人与人、人与自然、人与自身的关系及生存状态的总和。"道德"二字包括道和德两个方面的含义,道是自然规则,德是脱胎于自然的人的品质。道德是基于一定的立场,通过对人和事物善恶、美丑、是非、对错等的评价,进而实现对人际关系的调节、社会秩序的维护等目标的社会价值形态。道德不仅可以用来调节人与人的社会关系,还可以用来调节人和自然的生态关系。

如今,工业文明快速发展带来了全球化的环境问题和严峻化的生态危机,迫使人们开始深刻反思生态道德的重要性,想要维持人类社会长久生存和发展,就需要将自然纳入道德关系中,重视从道德领域处理人与自然的关系。生态道德是道德的重要范畴,把过去道德所探讨的人与人的关系,拓展到了今天道德所衍生出的人与自然的关系。生态道德将自然作为道德关系的主体,凸显了生态环境保护的重要性,用一系列生态道德规范来明确人们所应承担的生态道德责任。

(2)生态道德教育的概念

生态道德教育,是指一定的社会或阶级,为了使人们在生态活动中遵循生态道德行为的基本原则和规范,自觉地履行维护生态平衡的应尽义务,而有组织、有计划地对人们施加系统的生态道德影响的活动。生态道德教育追求的是人与自然的和平共处、相互依存的生存状态,引导社会成员逐步形成一种不仅能维护生态利益,同时又能充分感受自然、提高生活质量的生活方式。生态道德教育要求人们以实现人和自然可持续发展为最终目的,依靠内心道德自觉承担起保护环境、维护生态平衡的责任。

生态道德教育就是要多元化的教育主体,通过多样化的教育方式,向广大群众传播生态环境和生态道德知识,帮助他们形成道德责任感。道德责任感的形成离不开人们道德认知的发展,道德认知的发展又影响和制约着道德行为的生成。可见,生态道德教育作为一种崭新的道德教育活动,既要帮助人们认识到保护生态环境的重要意义,形成生态责任感,又要帮助人们养成保护生态环境的习惯,使人们在现实的生活当中能够承担起责任,维护生态秩序,保护生态环境。

(3)大学生生态道德教育

大学生作为今后国家建设的主力军,他们的思想道德素质必定会对整个社会产生关键性影响。高校要更好地肩负起推进生态文明新常态、建设美丽中国的时代使命,就一定要及时针对大学生群体开展生态道德教育。大学生是站在社会前沿的群体,必须受到重视,国家要对这一群体进行系统培养,使其主动关注生态环境问题,学习相关知识,增强生态道德意识,并有能力积极解决生态环境问题,最终成为有生态责任感的中国公民。高校要通过教育积极引导和帮助大学生塑造正确的人生观、道德观以及价值观,促使大学生在潜移默化中养成保护生态环境的好习惯。

大学生生态道德教育作为大学生思想政治教育的应有之义,要求思政课教师、大学生辅导员等生态道德教育工作者在准确把握生态道德教育要义的基础上,站在生态教育研究和实践的前沿,遵循大学生身心发展规律,开设生态道德教育课程,营造良好的生态道德教育环境,利用多样化的载体,通过一系列的生态教育活动,对大学生的生态认知、生态情感、生态行为施加全方位的影响,进而促进大学生生态责任感的树立、生态行为的养成,以及生态实践的常态化发展。

(4)加强大学生生态道德教育的现实意义

①有助于提高大学生生态道德素养

大学生是具有较高文化的知识分子,是社会发展的有生力量,国家的事业、民族的事业都离不开大学生的拼搏和奋斗。建设生态文明,实现美丽中国梦,也需要广大大学生的协同努力。今天的大学生是否树立起了生态道德观念,是否树立起了生态责任感,对于其今后是否按照科学发展的规律去生活和工作具有重要的影响。

随着社会的快速发展,诸多社会问题相继产生,特别是生态环境危机的到来给人类敲响了警钟,紧抓大学生生态道德教育,培养他们的生态环境保护意识成为树立生态道德观的开端,帮助大学生成为理性"生态人"是解决生态环境危机、保障经济发展的重要举措。生态道德教育是马克思主义生态文明思想与时代相融合的结晶,是大学生思想政治教育在新时代创新的产物,是高校培养社会主义有用之才的时代使命,是高校思想政治教育的重中之重,同时也是提高大学生生态道德素质的必然要求。因此,必须针对当前大学生生态意识的基本情况,积极开展生态道德教育,帮助其及时形成正确的生态道德观,自觉养成维护生态环境的行为习惯。

②有助于增强大学生生态道德教育实效性

大学生是未来社会发展的支柱,将来会成为各行各业的佼佼者,他们的生态道德意识和生态道德行为对社会环境问题的解决和社会经济的可持续发展将产生重要影响。传统的思想政治教育更注重学生社会人格的完善,忽视生态人格的培养,更重视大学生用专业知识、技能服务社会,促进社会生产的价值贡献,却没能及时教会他们如何正确处理人与自然之间的关系,以至于现在部分大学生在此方面的能力欠缺,所以高校思想政治教育更应该重视贯彻人与自然和谐共生的教育理念。

思想政治教育的外延在不断拓展,生态道德教育就是其一。尤其是在市场经济时代,我们更要重视市场经济负面影响的渗透。部分市场主体在国家监管弱化的情况下容易出现为了追求利润最大化而破坏环境的情况。对大学生开展生态道德教育,使他们一开始就认识到人与自然关系的本质,有利于他们走向社会后养成良好的思维方式和行为习惯。开展生态道德教育,是思想政治教育在今天面临的重要课题。虽然当前国家和高校都重视开展大学生生态道德教育,但现实是高校缺少系统的生态道德教育,大学生生态道德素养不高。针对这些情况要采取相关措施增强大学生生态道德教育,构建适用于大学生群体的生态道德教育体系,以此增强大学生生态道德教育实效性,使大学生成为具有良好生态道德素质的理性生态人。

③有助于中华优秀传统文化的传承与发展

一个民族之所以有凝聚力,就是因为有凝聚民族成员、为民族成员共同认可的文化氛围。可以说文化是一个民族、一个国家凝聚力的重要源泉。中华优秀传统文化是我们的民族经过几千年的沉淀形成的。对优秀传统文化的挖掘、传承和分享是增强国家文化软实力、实现中华民族伟大复兴的重要条件。中华传统文化博大精深,其内容丰富多彩,包括独具特色的生态智慧以及充足的生态文化要素,中华传统文化充满对生命的尊敬,以"天道"为主,遵循自然之道,实现人与自然的和平共处,主要思想包括"天人合一""道法自然""众生平等"等。大学生作为未来社会发展的重要有生力量,是文化的学习者、分享者、传承者,在对他们进行思想政治教育时,要把传统文化中的生态道德观念传授给他们,帮助他们养成正确的生态思维方式和行为习惯的同时,使其对传统文化有更深入的了解。

④有助于推动美丽中国建设

当前中国社会主要矛盾发生改变,人与自然的矛盾更加凸显,"美丽中国"计划应运而生,生态危机的出现是生态道德教育出现的契机,生态道德教育的存在就是为了平衡人与自然之间的关系,推动人们及时化解人与自然的矛盾,促使人与自然形成和谐共生的关系,创建更多能有效解决生态问题或环境问题的方法。作为21世纪国家的建设者、社会发展的中坚力量、美丽中国梦的建设主体,大学生群体的生态道德素质将会对中华民族的整体素质产生直接影响,增强大学生群体的生态道德教育对于中国建设来说具有明显的现实意义,他们对生态问题的认识、对生态危机的态度以及处理能力,对实现美丽中国梦有决定性作用。因此,对大学生进行生态道德教育,必须遵循行为养成的规律,对他们进行生态知识的教育,帮助其了解相关的知识,树立生态道德观念,从而在处理人与自然的关系时,规范自身行为,保护好环境,为美丽中国建设贡献力量。

4. 消费观教育

(1)消费及消费观

①消费

消费是指在满足人的生产和生活需求过程中的物质和劳动的消耗。消费不仅仅是人类生存与发展的基础,也是社会进步的必要条件,它贯穿人类生命活动的始终。"消费"一词在18世纪中叶被引入经济学,成为社会再生产中一个重要的概念。之后,对于消费的研究探讨逐渐增加了更多的社会和人文底蕴。

首先,在经济学中,社会再生产由生产、分配、交换和消费四个环节构成,其中消费是最终环节。《大不列颠百科全书》以及《中国大百科全书》对消费的定义:对物质资料和劳动生产的消耗,消费是一个和生产对应的概念,也是一种经济的行为模式,产品的使用价值驱使人们消耗产品,因此消费是实现产品存在的意义的途径之一。生产决定着消费,为消费者提供对象,反过来消费也影响生产,刺激并阻碍了生产的发展。所以,消费表征人们把生产出的物料及精神产品用来满足人们生活需要的过程和行为,它是恢复所有劳动力及劳动力再生产中必不可少的条件,也是人存在的方式之一。

其次,从社会学的角度来分析,随着生产力的发展、生产方式的进步,人们对于消费已经不再局限于使用价值,而更加重视消费所展现的文化修养、社会地位等。正如法国哲学家鲍德里亚提出的符号消费理论[①],在

---

① 张伟娟.鲍德里亚符号消费理论研究[D].长春:吉林大学,2011.

消费的关系中,消费者们的焦点不再仅仅是商品本身,更多的是商品所附带的符号价值。商品的符号价值,是商品在消费时被认作一种具有象征意义的符号。由此看来,在这个社会产品极其丰富的现代社会,人们对于消费的认识充满着一种社会文化的色彩。

②消费观

无论是生活消费或生产消费,还是物质消费或精神消费,就其结构而言,都包括消费观与消费行为两个基本要素。

消费观是人们对消费水平、消费方式等问题的总的态度和总的看法。作为价值观的重要组成部分的消费观,是支配或影响人们消费行为的思想意识。在特定的时间地点,消费观总是稳定持久存在着。这说明需要对主体进行正确的引导,以防止消极的消费观的形成。

在中国特色社会主义条件下,我国经济的增长速度飞快,人们对于消费的观念也由物质消费为主转变为现在的精神消费和物质消费相结合的形式,多元化的消费观正在形成。随着改革开放的不断深入,顺应新时代特征的理论不断发展,如绿色消费理论等。

(2)消费观教育

消费是人类社会发展过程中的一个永恒的话题。主体秉承的消费观念不同,他们表现出来的消费行为以及消费途径和模式也会存在差别,当然这种差异也会体现在消费结构上。所以说主体是否拥有科学的消费观,直接关乎消费主体消费结构的合理与否,关乎消费方式的好坏,也关乎消费行为健康与否。但科学的消费观并非与生俱来的,它需要教育加以引导,即进行消费观教育。消费观教育是一项具有组织性和计划性的社会教育活动,这项活动的基本内容就是基本的消费知识和与消费相关的技能的教授,这项活动所追求的目标是提高学习者的素质,帮助其改变落后的消费观,从而预防或避免其不理智、不合理的消费行为。

消费观教育通过开展一系列的活动使接受教育的主体,同时也是消费的主体,在思想上对什么是理智健康的消费观念有所认识并理解其价值所在,在理解的基础上审视自己的认知错误和行为偏差,选择正确且适合自己的模式,培养理智科学的行为习惯,预防和减少非理性消费,杜绝浪费;与此同时也向学习者们传授一定技巧,使其获得更好的消费体验,掌握合法的维权手段。

从教育主体来看,教授一方可以是家庭年长成员、高等教育院校、社会各企事业单位、政府及其工作部门;接受教育的一方包括但不限于一般消费者、学生、特定群体组织。从内容来看,这项活动主要是向学员们传授基本且必要的消费知识,这些知识包括但不限于消费的类型、方式和结构,主体在接受服务和消费产品的过程中应当遵循的基本原则、应当掌握的技能技巧,如何识别常见的消费误区或者陷阱,涉及怎样保护自己合法消费权益的法律常识。从教育的方式方法上看,开展消费观教育可以运用多种方式和途径,如家庭长辈言传身教、专家学者现身说法、学校教育引导、课堂教学讲授、新闻媒体宣传、社会实践活动、专家座谈会、辅导培训等。从目标任务来看,就个体而言,这种类型的教育活动致力于帮助消费主体形成科学、合理、文明、健康的消费观念,正确审视自己的消费行为,选择合理恰当的消费模式,改正错误的消费习惯,培养良好的消费素质,从而预防或避免非理性消费。就国家和社会而言,开展消费观教育致力于形成健康的消费文化和良好的消费环境,提升国民消费素质,保持和促进经济的良好运行。

(3)大学生消费观教育

首先,大学生消费观教育是对大学生消费者进行社会教育的一项积极活动。其目的在于通过理论与实践教育等途径帮助消费者树立正确的消费理念,在此过程中,潜移默化地提升消费者的理性消费的能力。我国新时代的大学生消费观教育需要结合当今中国国情,对大学生的消费理念及消费行为进行外部引导与教育,目的在于提升大学生自主消费、理性消费的能力,使其能在高速发展的新时代里甄别各种消费信息,提高自身的理财能力及传扬中华民族勤俭节约的优良传统美德,养成合理适度消费的良好习惯。

其次,大学生消费观教育是一种以大学生为对象而进行的积极引导活动。从年龄上看,大学生大部分都是成年人,理应具备对来自社会的各种信息进行甄别和判断的能力,但从社会经验来看,大学生容易受到西方消费主义潮流的影响。其价值观正处于一个关键的塑形阶段,因此,在此阶段对其进行消费观教育是至关重要的,养成一个良好的消费观对大学生日后形成积极的人生观和价值观能起到一个铺垫作用。

最后,大学生消费观教育应当作为一个系统性的教育工程来看待,不仅需要结合大学生消费活动中的一些表现特征对应地拟定合理的教育方案,还需要结合各个大学生的家庭成长背景,细致化地进行个别消费观教育。高校教育除了开展课程教育活动,更需要理论联系实际,模拟消费场景对学生进行教育,将学校、家庭、社会联合起来,使得大学生消费观教育更加具有实效性与针对性。

二、高校德育内容创新的原则

(一)整体性原则

经济全球化实际上是人的活动方式、存在方式的社会化发展,也为人自身需要的品德、能力、社会交往关系的全面和谐发展创造了条件。简而言之,经济全球化需要具有较高文化素养、道德品质和全面发展的人。这就要求高校德育内容创新以培养全面发展的人为目标,坚持整体性原则。

首先,这种整体性原则致力于把学生培养成全面的人、独立的人、有道德的人、健康的人、创新的人。不仅关注大学生的政治方向、思想观念等意识层面上的问题,也关注他们情感与身心的健康发展;不仅注重大学生知识、技能、思维的培养,也十分重视他们人格素质与社会能力的培养。

其次,高校德育是社会主义思想道德体系的重要组成部分。在"建立与社会主义市场经济的发展相适应、与社会主义法律相协调、与中华民族的传统美德相承接的社会主义思想道德体系"这一目标的指导下,整体性原则还体现在处理好德育与"市场经济、法律、传统美德"三者的关系上。

为此,高校德育内容应着力于从三个方面进行改进:一是引导大学生正确认识市场经济的特点及运行原则,正确认识"诚实守信"等市场运行所必需的道德要求的重要作用,对大学生进行与市场经济相适应的社会主义道德教育,同时,突出"诚实守信"等基本道德的教育;二是加强大学生法律制度观念教育,在法治与德治的紧密结合下,培养大学生的道德自律意识;三是坚持弘扬和培养民族精神,对大学生进行中华民族优秀传统和革命传统教育。

(二)层次性原则

德育目标有一个层次化、系列化的过程,德育内容的安排也有相应的层次化、系列化过程。对于大学德育来说,德育内容的层次化尤为重要。这是因为,高校德育内容既要立足现实,又要面向未来,适度超前,为大学生将来走向社会奠定良好的思想道德基础。传统的德育内容往往只注重培养大学生的"共产主义"道德情操,却忽视或淡化了对他们进行基础文明教育及公德教育,使道德教育只流于形式,违背了德育的规律,导致大学生的道德素质经不起考验。因此,大学生的德育要分层次、系统地进行。这样既避免了与以往学习中德育内容的重复,也避免了基本道德常识的缺失,而且符合育"德"的规律。坚持层次性原则,高校德育内容就要从基本品德、基本价值观着手,为人才发展打下良好的心理品质和行为规范基础;从学会做人做起,从身边的事做起,从日常的行为规范做起,树立起对善与恶、正义与非正义、公正与偏私、诚实与虚伪、光荣与耻辱等基本的价值判断;从做一个合格的公民出发,在进行基本文明习惯和行为规范教育的基础上,加强大学生的社会主义道德教育,培养大学生崇高的理想和信念,促进大学生的全面发展。

(三)主体性原则

这包括两层意思:一是德育内容的选择及组织要以德育对象的品德实际、心理特点为基础;二是德育内容体现的是人的道德发展的要求,应以促进人的全面发展为目的。从当前大学生思想政治状况来看,大学生的思想政治素质的主流是好的,他们坚信共产党的领导,对党和国家的前途充满信心,关心国内外大事,人生价值取向积极务实,全面提高自身素质,努力成才、成功的愿望和自觉性十分强烈,但也存在一些薄弱之处。针对当前大学生的思想政治状况,高校德育内容要及时关注新变化,通过引导学生正确认识社会需要和自我发展之间的关系,来解决大学生成长进步中存在的思想和道德问题。德育还要关心大学生的困难,把思想教育和解决实际问题结合起来,把关心、尊重、爱护和严格要求结合起来。

三、高校德育内容创新的策略

(一)由"传统"向"现代"转变

高校德育内容创新需要将时代性和继承性相结合,一方面,德育内容要紧跟时代发展的步伐,充分体现其鲜明的时代特色;另一方面,继承和汲取国内外优秀的德育内容,并运用到学校德育实践之中,用以教育新时代青年。

我国有着悠久的历史文化,其中不乏优良思想。我们应采取批判的继承态度,将这些优良思想赋予新的时代内涵。例如,从"民为贵,君为轻,社稷次之"思想到"以人为本"的理念,从"天地人和""和为贵"思想到和谐社会的理念,从"人生自古谁无死,留取丹心照汗青"的爱国情怀到爱国主义思想,从"民无信不立"的思想到现代诚信观念等,都是我国传统思想道德之精髓。此外,还有"万善孝为先"的人伦原理,"言忠信,行笃敬"的诚信理念,"匹夫不可夺志"的意志品质,"静以修身,俭以养德"的修身思想等也是大学生提高思想道德水平的精神源泉。

从全球范围来看,当今世界也有诸多优秀的文化思想,如竞争意识、质量意识、职业意识、服务意识等,高校要注意汲取与运用,将之运用到我国市场经济之中,将世界文明成果与我国优良传统道德融为一体,为学生的德性成长提供广阔的思想道德源泉。

(二)由"高"向"低"转变

高校德育内容必须实现由高到低的转变和创新,即德育内容应来源于学生、贴近学生的现实生活,开展适合学生身心特点的德育实践活动,真正发挥德育在学生思想品德塑造中的重要作用。另外,德育内容要步步为营、循序渐进,比如,引导学生从爱父母、爱朋友到爱人民;引导学生从爱家庭、爱学校到爱国家;引导学生从不随地吐痰、不迟到旷课到成为一名优秀学生;等等。总之,要教育学生从高处着眼,从低处着手,在现实生活中不断提升个人的思想道德水平。

（三）由"外"向"内"转变

高校德育内容必须实现由他律型德育向自律型德育转变，使大学生在现实生活中学会自律。目前，学生存在的主要问题有心理挫折、评价障碍、价值扭曲、责任心差、诚信危机、人格障碍等。高校应该有针对性地创新德育内容。

（四）由"知识学习"向"素质培养"转变

21世纪对人才素质培养提出了新的要求：第一，要求学生具有崇高的道德修养和社会责任感；第二，要求学生具有较强的适应能力、开拓能力和创新能力；第三，要求学生理论联系实际，用科学的方法解决困难和问题；第四，要求学生进行自我个性发展；第五，要求学生树立终身学习的观念；第六，要求学生增强团结合作意识。

因此，高校德育内容应该结合21世纪对人才素质培养提出的要求进行创新，即以社会主义和谐社会理论为指导，在抓学生知识学习的同时，还要培养学生良好的工作责任意识、规范意识、质量意识、竞争意识、创新意识、服务意识、沟通意识与团队合作意识，拓展学生素质，最终实现人的全面发展。

第二节　高校德育方法的传承与创新

德育方法是德育过程中教育者与受教育者相互作用的中介，是实现高校既定德育目标的必要条件，是使德育内容产生德育效果的重要手段。高校德育方法的创新，就是要求教育者根据时代要求和发展趋势以及不断发展变化的学生思想实际，在批判继承传统优秀德育方法和借鉴先进的德育做法的基础上，通过实践活动，对德育方法不断创造。创新高校德育方法，既有其相应的时代背景，也有其迫切的现实需求，更有其深厚的理论基础。

一、高校德育方法的创新价值

(一)提高高校德育实效的需要

高校德育实践的过程中,方法的正确与否直接关系着高校德育的成功与否。德育方法的正确选择可以对大学生产生积极的教育影响;相反,德育方法的不恰当运用会使大学生产生厌恶心理,容易造成严重后果。只有做到德育方法的有效运用,才能达到德育的目的。

长期以来,高校在德育的过程中积累了丰富的理论经验与实践经验,一定程度上对高校德育的发展具有一定的积极作用。但是随着新时期的到来、新形势的发展变化,传统的德育方法已经不适应高校德育的发展,要改变这种不利的情况,高校必须做到与时俱进,促进德育方法的创新。

对于高校德育工作者来说,当前最主要的任务和最首要的任务就是加快德育方法创新的步伐,改变传统单一的教育方法,做到理论教育与实践教育相结合、课堂教育与榜样教育相结合、批评教育与表扬教育相结合,因人而异,采取不同的德育方法,从根本上提高高校德育的实效性。

(二)顺应时代发展的客观需要

随着信息化、网络化时代的到来,不同文化、价值观念等可以快速交流、沟通,但也极易带来多元文化、多元价值观之间的冲突,甚至让人无所适从。在这种状况下,教育方法的更新是必不可少的。网络的快速发展给人们带来了极大的便捷,人们对于各类信息的获得也更加快速。网络成为大学生生活中必不可少的一部分,对大学生的日常生活产生了巨大的影响。网络的高效、便捷更容易激发学生的学习兴趣,空间的扩大使学生不再拘泥于单纯的书本知识,而拥有更多的选择,学生的学习方法也更加多元,对学习的兴趣也逐渐提高,从而容易达到预期的效果。

(三)确保大学生健康成长的需要

高校德育是为了培养德智体美各方面全面发展的高素质人才,学生是高校德育主要的对象。但是一直以来,我国高校德育忽视了大学生的主体地位,在德育课堂上仍然沿用传统的教育方法,如单一灌输的教育方法、以"批评"为主的教育方法、"满堂灌"的教育方法。这些德育方法忽视了学生的主体地位,忽视了学生的内心需要,是一种外在的强制性教育。其结果是在一定程度上束缚了高校德育在内容与方法方面的创新。因此,只有选择正确的德育方法才能增强德育的实效性,取得良好的德育效果,圆满完成德育任务。

二、高校德育方法创新的原则

(一)教育性原则

高校德育方法是为完成德育任务、实现德育目标服务的。从人才培养的角度来说,任何一种德育方法都应当具有教育性。所谓教育性,即对受教育者品德的形成产生正面的积极的影响。当代学校教育强调全过程育人,强调环境育人,强调全员育人,这意味着学校情境是一个充满教育性的情境。当一种德育方法被使用时,这种德育方法本身应当是有教育性的,这是学校教育对德育方法的基本要求。如果一种德育方法本身只是一种解决问题的冷冰冰的工具,没有人情味,那么这样的方法是不受欢迎的。它也许是有效的,能解决部分问题,但是激不起学生的兴趣和热情。当一种德育方法并不受学生欢迎时,实际上它不可能产生持久而显著的育人效果。

(二)系统性原则

德育方法创新是一项系统工程。一方面,任何一种德育方法都不是孤立的,它与学校教育情境中的许多教育要素有着复杂的关联。也就是说,在整个教育系统中,德育是一个重要方面,而在德育系统中,德育方法又是一个重要的组成要素。另一方面,一种方法有着复杂的内在结构,它本身是由许多因素组成的,如它的使用者、作用对象、应用条件、操作方式、反馈、评价等。因此德育方法的创新要遵循系统性原则,充分发挥系统的作用,构建一个良好的运行系统,只有这样德育方法才能取得实质性的、理想的效果。系统论指出,整体性是系统的基本特征,系统是一个整体或统一体,而这一整体都是有结构的,无结构的系统是不存在的。系统的整体性原理指出,系统的功能并不是各要素功能的简单相加,它要受到要素之间的结构关系的影响。

在学校德育方法的选择过程中,有一个常见的误区,就是认为德育方法的问题只能交给德育工作者去解决,其他人与这一事情是无关的。这显然有违系统性原则。

(三)先进性原则

高校德育方法创新的另一条重要原则是先进性原则,也就是在德育方法的引进、选择与创新上,要保证所得到的方法是先进的、卓越的,是有进步意义的,是代表正确方向的。所谓先进性就是要最大限度地体现时代精神。相反,落后的德育方法则是与时代精神和主流价值背道而驰的。对先进性的追求是德育方法创新的基本价值取向。

(四)可行性原则

如果一种先进的德育方法在学校的情境中难以实施,或者说这种方法对实施条件有着特殊的或过高的要求,而学校又难以满足这些要求和条件,那么这种方法就失去了可行性。高校在探索新的德育方法时,更要紧密结合自身的条件和需求,寻找最适合自己的德育方法。

以上从教育性、系统性、先进性和可行性四个方面探讨了德育方法创新的原则问题,这四条原则可能组成一个高校德育方法创新的原则体系。当然这一原则体系不是封闭的,还有更多的原则可以纳入进来。所谓原则并不是对创新束缚,相反是为了更加有效地创新,不讲原则的创新只能是一种非理性的冲动。

三、高校德育方法创新的基本路径

(一)高校德育方法创新的具体内容

1.坚持生活化教育方法
(1)生活化

关于德育生活化这一主题,我们首先应该强调的就是"生活"这个词。生活这个词可分为广义与狭义两个维度。广义的生活是指人类的生存、发展、娱乐等各方面的活动。狭义的生活是指以不同主体为划分标准的个人日常活动,如以学生为主体可以分为家庭生活、学校生活、社会生活等。在实际日常生活当中,我们运用较多的是狭义的生活,因为生活可以划分为很多层面,在不同的背景下我们有着不同的生活状况、生活方式和生活态度。

其实,我们首先应该明确生活的主体是人,生活是产生于人与人之间的一种个人或社会行为方式,因此生活与人之间是紧密联系在一起的。生活化具有以下几个特征。

第一,动态性。人的世界与动物的世界有着很明显的区别。首先,人是具有语言能力和思维能力的高级动物,这是人类区别于动物的最本质特征。我们生活在这个社会中,不仅仅是满足基本的生存需求,更重要的是让生活质量变得更好。纵观整个历史的变迁,人类社会不管是从个体的角度还是整体的角度看,都不是一种静态的状态,而是一种动态的状态。生活的过程也是我们的生命更有意义、更有价值的过程,我们只有感悟生活、体验生活,才能让生命更有意义,让短暂的时光变得精彩,构建完整的人格世界。

第二,实践性。我们在探索事物的真理性时,永远脱离不了以实践手段加以验证。生活是人所固有的,人类可以通过一系列的实践活动改造着这个客观世界,使自己生活的环境更有意义,更加安全。人类的一切活动都离不开实践性,实践永远是我们存在和发展的前提条件。无论是从这个物质世界中获取生存之物,还是尝试探索新鲜事物的过程,我们都摆脱不了实践这个根基。生活的价值存在于生活的实践之中,在生活世界中,不存在脱离实践活动的人,离开了实践活动就无法真正诠释生活的真谛。

第三,创造性。人来到这个世界,既享受生活又创造生活。生活中的很多事物并不是与生俱来的,都是人类通过不断的实践活动探索出来的。当然我们不可否认大自然所赋予的基本事物是我们激发创造性的前提。在人类社会历史文明的演进历程中,社会的进步性在于人类凭借勤劳的双手创造出许多前所未有的元素。当今社会与我们生活密切相关的客观事物,如各种智能电子信息设备、便捷的交通工具、航空航天设施等,都是前所未有的新鲜事物,它在借助于一定的自然条件的前提下,给世界注入了新鲜血液,让世界变得独具魅力。因此,人类的创造性在时刻改变着我们的生活。

(2)德育生活化

理解德育生活化,首先要厘清道德与生活之间的关系。德育离不开我们现实生活的本真世界,生活为德育创造了丰富的资源,是推动德育前进的动力。德育只有依托生活,并融入生活之中,才能彰显生活的多样性与德育的无穷力量。

德育生活化就是强调生活是道德教育的根基,道德教育只有渗透生活的各个方面及领域,才能提升人的道德水平和精神境界,使人能够生活得更加美好和有意义。德育生活化的实质是摆脱在应试教育盛行的时代背景下,德育方式和手段与成绩挂钩的僵化绳索,真正做到为人类生活服务,为学生成长服务。德育生活化的提出,正符合时代需求。德育不仅仅是一种知识,更是一门与生活有紧密联系的特殊性实践活动。生活化的方式为德育发展指明了方向,但是新的理论的提出需要漫长的探索路程,需要在实践的追问下发展。德育生活化作为新时代发展的创新理论成果,存在局限性和理论不成熟等问题,需要反复摸索与总结。

(3)大学生德育生活化途径

①关注教育主体,寻求德育与生活的价值契合

第一,关注教育主体的主动性。只有将学生置于教育的主体地位,把社会发展与学生成才辩证统一起来,寻找教育与生活的契合点,使教育根植于生活,德育才能从理想化、片面化、泛化中走出来。只有发挥学生的主观能动性,以学生的安全、幸福、发展、自我实现为出发点和归宿,德育才能焕发出蓬勃生机。具体应做到关注学生个性,激发学生潜能,使学生与教师进行关系平等、互动良好的认知交流和情感交融,将教育的目标性、理想性和政治性与学生的现实需求和精神追求紧密连接起来。

第二,关注教育主体的完整性。学生不是单维度的、知识层面或政治

层面的人,而是复杂的、多彩的、完整的人。知识获得、良好行为习惯的养成与情感认同、态度价值一致的有机结合是整合教育理论与实践价值的必要举措,也是打破认知世界与现实世界壁垒的必要条件。德育表现为完善生活、提升生活品质,这既是对现实世界的回应,也是对未来美好世界的向往。尊重学生的完整性应将现实生活中的感知、认识与发掘高尚的道德品质、行为统一起来,在践行思想观点、道德规范、政治观念的同时养成良好的生活态度和人文素养。

第三,关注教育主体的发展性。从"志气未定,可善可恶,如草木初生,可直可曲"的童蒙阶段到道德丰盈、能够结合社会规范进行自我判断、自我磨炼和自我提升的成人阶段,人的道德水平和政治素养一直处于不断发展完善、尽善尽美的过程中。德育应尊重学生的发展性,既要为学生良好德行的养成和正确"三观"的确立提供营养,也要使其获得终身受用的品行和智慧。健全人格、高尚品德的培养应遵从不同年龄学生的身心特点和认知水平,关注教育主体的差异性与发展性,对生活教育的内容进行比较与选择,以动态的眼光对待与社会接触日益增多、知识水平逐步提高、思维慢慢趋于成熟进而走向社会的独立个体。

②构建生活化教学范式,寻求德育与生活的同步发展

将理论教学的"合法性"与现实生活的"合理性"有机结合起来,构建生活化教学范式,应正确把握德育与生活的关系,力求二者能同步发展。构建生活化教学范式,应把握学生的身心发展规律和价值诉求,将价值理念、教育内容融入学生日常生活之中,提升学生的认同感和获得感,使德育的内容和方法成为学生喜爱、能用、会用的有力思想武器。学生生活世界的丰富多彩及个性化发展决定了教学方法、教育载体、人文环境和评价体系需关注多元社会的发展和学生的实际需求,以提升德育的感染力。

③开发生活教育资源,拓宽德育教学的多元径向

第一,挖掘隐性教育资源。教育者隐蔽的教育意图相对于显性说教而言,更容易为受教者所认同,也易于转化为受教者的内心要求。生活教育资源在教育中起着润物细无声的作用,其过程的隐蔽性、内容的丰富

性、方式的间接性和功能的潜移默化性,对比显性的教育资源有着不可替代的优势。

第二,融入传统德育资源。传统文化具有独特的育人功效。中华民族的传统节日承载着国人的精神信仰、人文情怀,蕴藏着宝贵的德育资源,既是民族传承的重要载体和表现形式,也是进行德育的宝贵契机。通过深入解读传统节日的文化内涵,开发其蕴含的诸如爱国、奉献、勇敢、仁爱、勤俭、孝悌等丰富德育资源,可以让学生在参与传统节日庆祝活动的过程中热爱生活,培养优良品质。

第三,运用现代网络资源。在"互联网＋教育"新常态的时代背景下,德育须顺势而为,借助信息网络的特性和优势开展各项工作。"三全育人"理念不仅仅体现在现实空间,更应运用于与学生密切联系的网络空间。红色网络阵地应从教育内容的理论化、抽象化,教育过程的工具化、单一化转变为以受教者实际生活需求为主体的个性化、发展化,形成德育与生活彼此契合、相互促进、共同发展的良性循环。

2.坚持隐性德育方法

(1)隐性德育的概念

隐性德育起源于西方的隐性教育或者隐性课程。虽然西方学者没有确切使用隐性德育这一教育学名词,但他们认为大众传媒、学校社团等课程外的教育载体可以发挥德育的功能。总体而言,西方关于隐性德育的研究主要体现在潜在课程方面,比较有代表性的是教育家、实用主义的集大成者约翰·杜威的思想。杜威虽然没有提出"潜在课程"概念,但他的教育理论中蕴含隐性德育的思想。他认为"教育即生活""学校即社会"。他认为学校就像是一个社会,学生通过在这个社会中发现自己的学习兴趣与天赋,学会与他人进行合作,习得生活的经验,从而成为一个合格的社会人。他强调只有在学校这个特殊的社会中通过创造良好的教育情境才能够真正发挥教育的作用。正因为此,杜威倡导举办园艺、纺织、烹饪等各种与生活相关的活动或者是组织各种各样的游戏,以此激发学生的兴趣。当然,不管采用哪种方式,都是通过环境的影响达到培养合格的社会人这一教育目的的。

首次提出"潜在课程"的美国教育家杰克逊认为,学校中的潜在课程强调特定的技能,比如说安静地等待、学会忍让、不断尝试、与他人合作等,虽然这些与教育目的完全没有关系,却是让学校对他们满意的必要条件,所以学校有意无意都存在着潜在教育的因素。①

我国有关潜在课程的研究始于 20 世纪 80 年代,最初以介绍西方的潜在课程理论为主,现在逐渐转向较独立的隐性德育的理论探索,并从理论认识层面拓展到实践操作层面。可以说,国内的隐性德育是对西方潜在课程的借鉴和发展。

德育可分为显性德育和隐性德育,显性德育主要是关于知识的教育,隐性德育则包含知识教育之外的一切德育元素,甚至于关于知识的教育亦包含隐性德育的内容。国内关于隐性德育的研究起步较晚,成果还比较有限。

综上所述,隐性德育是一个内涵非常丰富的名词,它是与显性德育相对的一种德育类型。具体来说就是通过运用德育课程外的其他课程类、环境类、活动类等资源或途径开展思想道德教育的特殊方法,通常以感染、引导、内化的方式影响受教育者的思想道德素质,达到提高德育实效性的目的。

(2)隐性德育的特征

隐性德育有其鲜明的特征,也正是这些特征促进了隐性德育效果的实现。概括来说,这些特征主要是潜隐性、多样性、生活性、持久性。

①潜隐性

这是隐性德育区别于显性德育的最典型特征。隐性德育不是直接通过专门课程向受教育者施教,而是将有关思想、政治、道德等德育内容与德育目标寄托在其他非专门课程、实践活动、校园制度以及校园环境中,

---

① 钟启泉. 现代课程论:新版[M]. 上海:上海教育出版社,2015:234.

从而使受教育者在无形中受到潜移默化的德育影响,以达到德育目的。也就是说,隐性德育隐去了"有形"之课程,代之以各种社会实践活动,受教育者的关注焦点即在这些活动中,没有或甚少感知教育目的的存在,因此说其具有潜隐性。

②多样性

隐性德育方法具有多样性。所有能进入德育情境中的资源都能称为德育资源。中华优秀传统文化包含很多珍贵的教育方法、教育理念,不仅没有在历史的长河中消失,反而随着社会的发展与教育的进步有了实现的可能性。隐性德育起源于西方的隐性课程,有很多有益的隐性德育方法亦值得借鉴。此外,在现实生活中也存在着大量的可供利用的德育资源,既有课堂之中的,也有课堂之外的;既存在于校内,也存在于校外;既有物质形态的,也有非物质形态的。总之,古今中外有多种多样的隐性德育方法,为德育活动的实施提供了丰富而便利的条件。

③生活性

这是隐性德育的应有之义,也是其基本要求。德育源于人类现实生活,本身就具有生活性,只是由于历史的、社会的等各种因素的影响,人们经常将德育看得遥不可及,将其等同于不切实际的理想、终极的追求等虚无缥缈的东西,离人们的日常生活似乎很遥远。现阶段突出隐性德育的生活性是非常重要和必要的。只有立足生活、植根生活、融入生活,才能了解现实生活中人们的道德现状和道德需求,才能善于发掘并利用现实生活中无处不在的隐性资源,才能运用现实中先进的教育技术与手段,也才能解决现实生活中遇到的困难,从而真正实现教育的目标。

④持久性

隐性德育的效果具有持久性。一方面,"德育工作的目的越明显,就越容易引起人们的逆反心理或对抗心理"[①]。隐性德育采取的是隐蔽性教育方法,因此在教育过程中可以使人们减少不平等感和逆反心理,更容

---

① 陈云涛.和谐语境下的学生德育工作研究[J].宁波大学学报(教育科学版),2008(01):116-119.

易提高教育的实效性。另一方面,隐性德育具有一定的隐蔽性,它需要经历一个自我认知、自我反省的过程才能完成自我升华的任务。当然,隐性德育一旦产生了相应的效果将长期存在,因此说它具有持久性。

(3)隐性德育的功能

隐性德育的功能是其本质的外在集中显露,因此认识其功能有利于更全面、更深刻地了解隐性德育。

①规范引导功能

显性德育是直接教导受教育者应该做什么以及怎么做的教育方式,而隐性德育是通过间接、隐藏的手段将教育内容和目标呈现给受教育者的德育方式。在隐性德育中,受教育者没有被明确告知教育要求,而是受到教育内容的客观刺激,从而引发其内心的波动而实现规范、指引和导向功能。当然,规范引导的方式有很多。以高校为例,学校的校纪校规等规章制度规定了大学生自由发挥的最大限度。高校校园文化中流行的"光盘行动",餐厅挂着的"一粥一饭,当思来之不易;半丝半缕,恒念物力维艰""谁知盘中餐,粒粒皆辛苦"等宣传横幅促使大学生产生节约的心理需求与思考,从而自觉规范其行为,养成良好的习惯。总之,大到学校的校园文化,小到学校的一个指示牌、一草一木都可能对大学生产生无形的影响。

②感染塑造功能

"感染"最早出现于医学,后来引申到心理学领域,情绪感染指"情绪诱发者的感官情绪信息被觉察者感知并自动化地、无意识地加工成与诱发者相同的情绪状态的心理现象"①。在隐性德育过程中,教育者往往通过营造一定的氛围来影响受教育者,使受教育者在这样的气氛中受到熏陶和感染,由此达到陶冶道德情操的教育目的。这就是德育的感染塑造功能。例如,举办运动会等集体性文娱活动,运动员的拼搏精神和彼此的团结协作精神是可以相互感染的,场边啦啦队热烈的欢呼声往往能够带

---

① 张奇勇.情绪感染的发生机制及其调节模型——以教学活动为取向[D].上海:上海师范大学,2014.

给运动员莫大的鼓励,甚至可以使运动员反败为胜。又如小说、电影、音乐等文艺作品,往往能够带给人心灵的释放、身心的愉悦,无形中陶冶了人们的情操。

③内化功能

隐性德育通过对受教育者的内心进行反复的刺激,促使受教育者规范和指导自身的实践活动,从而不断地调整和完善自己的世界观、人生观、价值观,这就是其内化功能。德育只有得到受教育者内心真正的肯定和认可,才有实现其教育目标的可能。然而教育的现实状况是,显性德育常常与学生的道德认知状况和道德实践相脱节,导致学生仅仅为了通过考试而学习。这种情况下,学生所学的有关道德的知识,既不能真正内化为自身的道德品质,也不能外化为具体的道德行为。相反,隐性德育注重通过生动化、形象化、生活化的方式将德育内容传递给学生,也强调道德情境的建构、道德情绪的感染、与道德实践的密切联系,强调运用一切能够利用的资源和方式帮助学生完成思想道德观念从内化到外化到再次内化的不断循环的过程,从而形成积极的道德价值观体系。

(4)隐性德育方法的类型

①隐性德育课程

隐性德育课程是隐性德育方法的基础性组成部分,主要是指各类思想政治理论课之外的其他课程。这类课程不以德育为直接教育目的,却不自觉有隐性德育的效果。隐性德育课程主要有两类。一是各种专业课程,这是大学生在日常生活中接触次数最多的类型。但可惜的是专业课程蕴含的丰富的德育资源没有得到充分的挖掘和利用。二是涵盖自然科学、社会科学内容的渗透人文关怀精神的素质教育课程,包括各种选修课程、名师讲堂等。这些课程要么自身有德育的功效,要么其教学内容和方法包含隐性德育的因素,而不管其发生作用的方式如何,其包含的隐性德育方法都应该得到重视。

②隐性德育文化资源

简单来说,服务于隐性德育的文化活动与文化产品都属于文化类隐性德育方法。文化伴随着人类的诞生而产生发展,人类的历史有多长,文化的历史便有多久,因此文化资源是一个复杂而庞大的体系,广泛存在和渗透于社会生活的各个领域。文化是德育的重要载体,文化建设是德育的根本任务。文化的种类有很多,可以分为先进文化和落后文化、主流文化和亚文化、西方文化和东方文化、传统文化和现代文化。现代文化也有社区文化、企业文化、校园文化等。生活中比较常见的是文艺作品,以诗歌为例,对仗、押韵的形式可以直接给人以视觉上的美感,描述的或壮阔或凄清的画面有助于激发学生的想象力,表达的或爱国或思乡的情感又能够让学生受到感染和启发。总之,文化资源以其精神性的一面成为隐性德育方法不可或缺的一个组成部分。

③隐性德育实践活动

较之前两种方法,德育实践活动因更贴近生活和贴近实际而更好地体现了隐性德育的可操作性和可实现性,因此是一种十分重要的类型,近年来也越来越受到重视和关注。德育实践活动一般直接和现实生活相联系,大多是一些具体的活动形式,在高校中主要指的就是校内活动和校外活动。前者有大学生社团活动、集体活动和党团活动等各种文娱活动,后者包括校外社会服务、社会考察、调研实习、社区服务等实践活动。各类实践活动是围绕社会生活而展开的,因此学生有更大的主动性参与其中,教育效果也更明显。正是由于这个原因,其对隐性德育的重要性越发凸显。

④隐性德育环境

隐性德育环境包括物质环境和精神环境。前者是指融入隐性德育意图的环境中不以人的主观意志为转移的客观存在,包含自然环境和社会环境中的物质因素。对于高校来说,主要是指学校建筑、生态环境、班级教室设置等,一般是通过环境与氛围的塑造给受教育者以美的感受,以此培养和提高其审美素质。后者指一切有助于教育目标实现的精神因素的总和,包括健康向上的社会风气、良好的行为习惯、科学的理论、优良传统等。在高校中主要指校风、学风以及以此为基本表现形式的大学精神,还有教育者博学儒雅的气质、受教育者乐观向上的精神以及民主平等、教学相长的新型师生关系等。这类资源一般是通过人的能动性创造出来的，对社会成员有普遍性的影响，加上其无形性以及可再生性，可区别于其他方法而成为隐性德育方法必不可少的一个组成部分。

⑤隐性德育制度

隐性德育制度的种类也有很多。一是党和政府关于德育的相关文件和精神，一般起着指导性、统筹性的作用。例如，素质教育的提出，隐性德育在某些方面就体现了素质教育的要求。二是凝聚思想政治要求的校纪校规和学生手册。以学生出勤率、参加学校活动的次数及获奖情况、是否担任干部等为学生品德考评的指标均属此类，也是存在问题较多的一类。三是约定俗成的课堂纪律和宿舍文明守则，这是目前为止各大高校最具特色，也是最大限度发挥受教育者能动性和创造性的类型。以宿舍为例，营造整洁、卫生、安静、和谐的环境和氛围是学生一致的要求和追求，因此评比"优美宿舍"等活动总是能激发他们的积极主动性和参与性。

需要指出的是，隐性德育不管以怎样的标准来划分，结果都是相对的，因为其各种影响因素往往是相互交织产生作用的。而且，隐性德育的方法也不是固定不变的，随着社会的发展会不断出现新的德育方法，影响隐性德育方法的系统建构。

3. 坚持体验式德育方法

(1)传统式德育与体验式德育的比较

相对于传统式德育，体验式德育具有如下优势。首先是教学理念的改变，由传统的以教师为中心，只教授学生学习知识的方法，转变成从实践体验中获得新知识，重视在就业过程中认识当前社会现状。其次是学习环境的改变。教育模式不再固定化、限制化，而是在一种轻松体验式的学习氛围中进行学习。不再以教师单一讲述、学生被动学习的方法为主，而是学生自主学习，极大地提高了学生的积极性，改变了学生的学习态度。

(2)实施体验式德育的途径

①创设良好的体验氛围

不同方法可以加快体验式课程的改革，如角色体验法，是让学生通过扮演角色的方式进行学习,这种方法可以帮助学生在短时间内集中注意力,融入课堂中,同时学生在情境中可以感受角色的情感,从而拥有深刻的体验。体验式教学为学生营造了探究知识的氛围,使学生身临其境地解决实际问题,提高学生理论联系实际的能力,同时激发学生的学习兴趣,增强学生在课堂中的参与感。为此,教师可以在教学中应用体验式教学法,给学生分配不同的角色让学生自己感知。

②注重学生的融入度和参与度

在教学的过程中,要更加注重学生对于新型学习方式的认知态度,转变学生原有的学习理念,不要单纯地认为学习是课本加考试,而忽略了学习真正的目的。教师也可以从多方面来考查学生的学习能力,对学生的不同方面进行评价,因材施教。同时还可以让学生自主结成学习小组,在遇到问题时,小组之间可以相互研究、互相分享成果、畅谈感悟等。这样才能真正地让学生融入课堂,提高其参与度,达到改革创新的目的。

4.坚持自我教育方法

(1)自我教育概念界定

自我教育是指按照教育者制定的道德规范和道德原则,受教育者自身作为教育对象供自己教育,并作为教育主体进行教育学习和锻炼。这个概念向我们解释了自我教育的对象是人自身,教育的方法是自己教育自己,教育的目的是提升个人的自我道德修养。提升个人的自我道德修养的教育目标是受教育者自己提出来的。一旦个人的道德修养方面得到提升,这个人的自我教育也就取得了成效。自我教育是为了提高自我道德品质和思想政治素质而进行的一种教育活动。也有学者将自我教育表述为一种完善和增强自己的各项技能或者素质能力的手段。更多的学者会把自我教育作为一种自我批评、自我发展的手段和方法来理解。自我教育并不是仅仅依靠教育者的单方面传授,而是在教育者的教育之后,让受教育者发挥主观能动性,自己通过一些学习方式,主动接受科学理论知识和先进的思想观念,将知识内化为自身的品质,进而自主学习,最后达到提高自身思想认识和道德水平的目的。

我们对自我教育的概念可以从以下观点来解读。

第一，受教育者的主客体统一性。这两种性质是同时出现在一个人身上的，身为主体的自我对身为客体的自我进行教育，作为教育主体要拎得清，并实现主体我和客体我、心理我和生理我、现实我和理想我的统一。

第二，受教育者已经得到了一定的教育。"他教"是必不可少的过程，"他教"在整个自我教育的过程中起重要的作用，是由教育者以一定符合社会要求的观念、思想等对教育主体进行有目的、有计划的教育，让教育主体认识这个世界。

第三，教育主体在吸收教育者传递的思想观点时需要一个思想矛盾转化和内化为自身品质的融合期。教育主体需要将在"他教"过程中学到的知识内化为自身的品质，从而在之后教育过程中把自我作为教育的对象，产生自我学习的意识和动力。

第四，在产生自我学习的意识后，通过一些自我教育的方式，自己发展自己，自己教育自己，主动接受先进思想和自觉提升自己，会自己审视自己和纠错改正，达到自我学习的目的。

第五，自我教育的过程注重社会要求和自身发展需求的统一，既需要符合社会发展的要求，履行社会的规则和秩序，又需要考虑自身的发展需求，做到个人习惯和社会行为的统一。

第六，总结和反思也是自我教育过程中不可缺少的。对整个自我教育的过程进行评价和反思，有利于提高整个自我教育的效率。

结合上述内容，我们可以对自我教育进行一个大致的理解，自我教育就是在思想政治教育过程中，教育对象根据社会发展和自身发展的要求，产生自我学习的意识，再通过加深自我意识、调整自我选择、树立自我调控和进行科学的自我评价等方式，利用自己已有的教育知识，在学习过程中克服错误思想和行为，使自己的政治倾向和思想品德不断完善、发展，不断发挥教育的主体地位，将一定的思想道德内化为自身的品质，自己教育自己，自己督促自己，不断提升自身。一切的教育活动都离不开教育主体的自我教育，脱离了自我教育的教育活动很难达到教育的成效。

（2）自我教育的必要性分析

大学生自我教育是自身发展的必然要求。当代大学生经过了多年的学习和教育,已经具备了一定的知识基础和文化底蕴,通过高考选拔出来的大学生是我们国家的中坚力量。担负如此重任的大学生,除却在学校中接受教育和学习,更多是要学会自我教育,以便日后能够更好地适应社会,融入工作中。大学生自我教育是社会发展的必然要求。人的思想不是凭空出现的,是在一定的环境下,由各种社会因素相互作用形成的。思想政治教育的经济、政治环境也在发生着变化,环境逐渐开放,大学生的心智和情感都不太成熟,在这样的一个大环境下,大学生为了能更好地适应社会环境和社会的要求,需要不断地增强自身的竞争力,培养自己的知识素养和职业技能等。

大学生自我教育是思想政治教育发展的必然要求。思想政治教育是离不开自我教育的,自我教育是实现思想政治教育的重要方式和途径。思想政治教育需要通过自我教育来提升实效性,开展自我教育有助于完善思想政治教育理论,是思想政治教育的内在要求。在当代大学,自我教育仍然是比较薄弱的环节,大学生的思想政治教育面临着这样或那样的困境,因此应创新思想政治教育的方法,提升大学生修养和完善其人格,促进大学生的全面发展。

5.坚持榜样教育方法

(1)榜样教育法的含义

从过程性来看,榜样教育是一种教育活动,包括榜样、教育者、受教育者和社会环境四个构成要素。教育的本义就有学习榜样、言行向善的意思。榜样教育的活动性体现了榜样教育不是单纯的个人活动,而是一种社会活动。教育性体现了榜样教育所具有的示范性、矫正性等特点,具有价值引导性。同时,榜样教育也是一种教育过程,榜样的作用就是在这个动态的过程中发挥的。这个过程既包括教育者的施教过程,也包括受教育者的接受过程。在施教过程中,教育者要发现榜样、选择榜样、解释榜样;在接受过程中受教育者要观察榜样、学习榜样、模仿榜样。

从工具性来看,榜样教育法是一种具体的思想政治教育方法。它是思想政治教育者为了达到一定的思想政治教育目的在教育活动中采用的特定手段和方法,也是人们对思想政治教育客观规律的一种科学把握和运用表现方式。榜样教育法作为具体的思想政治教育方法是以思想政治教育理论为基础,服务于特定的思想政治教育的。它同时也是教育者和受教育者相互联系的桥梁和纽带,教育者正是用榜样事迹和榜样精神激励引导受教育者,从而实现与受教育者的互动和交流的,使受教育者自发接受并效仿榜样的优秀品质和模范行为,从而影响受教育者的思想品德和行为规范。

(2)榜样教育法的特征

①生动现实性

生动现实性是榜样教育法的一个重要特性,其主要体现在作为榜样的人不是虚无缥缈的神,而是现实生活当中的人,榜样事迹是真实发生的,不是凭空捏造的。榜样教育法通过社会生活中鲜活的人物事迹向受教育者展示高尚的精神品质,其示范性和有效性是建立在现实性的基础上的。榜样教育法是通过引导受教育者对榜样的模仿来实现教育目标的,而榜样教育法的现实性为人们模仿榜样提供了可能。在共同的生活平台上,人们会因为榜样人物和榜样事迹的真实存在而尝试模仿,尝试学习。

②感染性

榜样教育法作为思想政治教育的一种重要方法,是为实现教育目的服务的。思想政治教育具有很强的理论性,榜样教育法区别于其他教育方法的一个重要特征就是其具有的强大感染力。榜样教育法不是向受教育者直接灌输理论知识和框架准则,而是激发受教育者模仿榜样的行为,接受榜样的思想观念,用崇高的榜样精神和高尚的人格理念来熏陶感染大众,达到思想政治教育的目的。

③时代性

榜样教育法从古至今都是重要的教育方式。榜样教育法的基本作用机制保持不变,但是榜样教育法的具体榜样选取和榜样精神取向随着社会发展而变化。经济基础决定上层建筑,不同历史发展时期有着不同的生产力发展水平和生产方式,因此社会对政治、思想、文化的要求也不同。榜样教育法的时代性主要体现为榜样精神的时代性。榜样作为具体的人是存在于具体的社会关系中,受当下社会发展条件所制约的。特定历史时期的榜样集中体现着当下社会的主流价值和思想观念,是被人民群众所认可和接受的,代表着统治阶级的思想。战争年代的邱少云、刘胡兰,展现了不畏牺牲的为国奉献精神;新中国建设时期的邓稼先、雷锋、钱学森,体现了大公无私的为人民服务的精神;改革开放以来不断涌现的榜样体现了抗洪精神、航天精神、女排精神、汶川精神等。每个时代的榜样都集中代表了当下社会的需要和人民群众的价值取向。不同历史时期的主流榜样不同,同一榜样在不同时代被赋予的时代内涵也会有所变化,反映了人们在不同社会环境下价值取向和道德标准的变化。榜样教育法的时代特征保证了榜样教育法的强大生命力和持久有效性。

(3)榜样教育法的教育内容

榜样教育内容是榜样教育法运用的重要基础和来源。由于榜样、教育主体、教育客体以及教育环境多因素的影响,榜样教育的内容较复杂。

①榜样事迹教育

榜样事迹是受教育者接触榜样的第一步。人们总是从知道榜样的生动事迹开始认识榜样、学习榜样、接受榜样高尚品质的感染和熏陶。榜样自身的优良品质和先进的思想道德水平不会直接展现给教育对象,要通过具体的事件和行为与受教育者产生情感共鸣。

人们通过知晓雷锋为人民服务的小事而学习无私奉献和助人为乐的精神;通过见证汶川地震的感人事件而学习众志成城的汶川精神;《感动中国》栏目通过展示榜样事迹来宣传和弘扬年度人物的崇高品质。伟大的贡献往往渗透在平凡的小事中。榜样事迹的具体存在就是告诉人们,榜样精神不是虚无缥缈的,优秀的榜样人物不是高高在上的。所以榜样事迹是榜样教育法实施的重要内容构成。

②榜样能力教育

"能力"是完成一项目标或者任务所体现出来的综合素质,直接影响着活动效率,是一种重要的个性心理特征。榜样能力既包括了人人具备的基本能力,比如观察能力、记忆能力、思维能力以及注意能力等,也包括了特殊的专业技能,比如写作能力、运动能力、音乐能力、教育能力等。

榜样人物的震撼人心的事迹,比如医者路边救人、群众跳水救人、科技工作者的科研等,都不可避免地以榜样能力做重要支撑。榜样能力教育告诉受教育者,人人可成为榜样。榜样特殊能力教育告诉受教育者,榜样人人不同。三百六十行,行行出状元。运用榜样教育法要注意加强榜样能力教育,培养人的专业技能,让人们学会在平凡的岗位和领域挖掘自己的潜能,提升自我价值。

③榜样精神教育

榜样精神教育是榜样教育法的核心内容。榜样事迹和榜样能力的教育都是为了实现榜样精神的传承和发扬。运用榜样教育法对大学生进行思想政治教育最忌空学人物事迹和表面文章,应当深入学习榜样人物所代表的崇高精神。要坚持事实教育和精神教育的统一,重点引导大学生透过表面的事件感悟榜样人物身上体现的无私奉献、一心为公、全心为民等高尚品质。通过榜样精神教育可展示榜样教育法的激励性和感染性,实现对受教育者的精神引领。

(二)高校德育方法创新的主要途径

1.对传统德育方法的继承与创新

对于中国传统德育方法,我们应抱着继承和发扬的态度去对待。

(1)对德育方法的继承

对于高校德育方法的继承应从两个方面来看待。第一方面是思想的继承。在思想上继承,即建立良好的道德观念,从道德层面来强化对学生的教育,使学生树立健康的价值观。思想的继承要与时代相适应,从本质上把握德育的思想。第二方面是方法的继承。对于传统德育方法的继承,我们应与时俱进,利用科技成果和现代理念,吸收先进的教育思想,与传统的教育方法相结合,丰富我们的德育思想和手段,使我们的教育更能为大学生和高校教师所接受。

(2)对中国德育方法的创新

我国传统德育方法为德育思想的传承和发展搭建了平台。随着改革开放的深入、社会的发展、外国思想的传入,高校德育面临着很多问题和挑战,因此其应跟随着时代的发展与时俱进。具体可从三方面推进德育的创新。

第一,德育方法的创新要与社会发展相结合。德育要面对和解决许多社会问题,把握社会热点,从德育方面进行阐述和分析,与社会紧密结合,是我们进行德育创新的首要任务。

第二,德育方法的创新要借鉴先进的教育思想。把国外先进的教育思想与我们的德育相结合,吸取积极的因素,更准确、有效地开展大学生德育。

第三,德育方法的创新要与科技的发展相结合。现代社会高速发展,科学技术在许多方面给我们的社会带来了革命性的变革,推动着社会的快速发展,影响着我们的生产、生活。把科学技术引进德育课堂,可使德育更贴近社会和生活,提升学生学习的积极性,使德育课堂更生动和更有时代感。

从以上三个方面进行德育方法的创新,将会使我们的德育更易于被大学生接受,德育的效果会更突出。

2.对国际现代教育方法的吸纳与借鉴

我国传统德育模式改革,需要在借鉴国际经验的基础上,与社会理想、责任、义务等方面进行结合,使德育内容更具体、更有针对性和可操作性。而强化个人的创造性、创新性则无疑是最受重视的原则之一。这些内容更深入地反映出了本民族、本国的发展需要,也在某些方面体现出社会发展的一般规律和大学生的普遍德育状况,具有一般机制特点和普遍性参考意义。我们应根据本国实际情况,因地制宜地进行课程安排和进行针对性的内容选择。

德育教育和智育一样,具有多样性特点,无论是课内还是课外,都需要进行设备、技术、人员以及资料等诸多方面的投资,没有投资,德育只是一座无法有效运作的空中楼阁,不具有实际意义。对德育进行投资,是最有效的方式之一。

由于德育属于精神方面的教育,所以在硬件投资上,一直被忽视。随着教育观念的更新以及科技发展水平的提高,各国的观念都开始转变,开始重视投资对于德育的作用。

此外,在我国当前的教育模式语境下,可以对其中的诸多内容进行改良和信息更新,还可以制定针对违反道德行为的防范措施,主要是为了保护学生,使其不受伤害。因而防范措施的制定和系统化,就成为需要努力的目标之一。重视家庭和社会的德育结合,也是一种非常有效的方式。

(三)建构以学生发展为本的教育方法体系

世界上多数国家都高度重视青少年的品德教育,但由于社会制度、传统文化、教育发展水平以及社会问题等诸多因素的影响,各国所面临的大学生的品德问题各不相同。从各个国家和地区的教育模式改革和探索经验可知,要创新高校德育,就应对高校德育改革新方向进行确立,不断地更新高校德育的传统观念,在教学中不断地调整高校德育的内涵和具体方式,探索构建高校德育的科学管理模式,发挥校内校外德育力量的整体作用,对具体学生进行具体的道德教育,防止不良现象的发生。

在强化德育的传统模式功能的同时,还需要以创新教育为依托,不断在德育过程中强化人格教育和人性化教育的重要性;从多个渠道构建"主体间性"的教育模式,同时不断增强人与人之间的互动;从整体上构建德育内涵体系和教育知识框架,发挥社区渗透性教育优势;整合校内校外的道德约束与引导机制,进一步完善学生的个性化德育;不断推进社会德育制度建设,营造良好的社会氛围,创建道德价值评判体系;优化当前教育模式和教育制度的育人功能;等等。

第五章　高校德育共同体建构的基本思路和原则

第一节　建构的基本思路

　　构建德育共同体应以系统理论为理论基础，以德育为先、整体性、学生为本、理论联系实际为基本原则，以第一课堂教育、第二课堂教育、第三课堂教育为主要内容，以政策、制度、评价为保障整体构建高校大学生德育共同体，为增强高校德育工作的科学性、针对性和实用性提供理论参照和实践模式。

一、以三个课堂为平台，构建我国高校大学生德育共同体

　　当前，在经济全球化、社会信息化、文化多元化、价值取向多样化的新形势下，以及大学生的个体性、独立性、多变性、差异性日益凸显，给高校德育工作带来了新挑战。高校德育工作是个有机的整体，并不仅仅限定在第一课堂内，还应以校园与社会为平台，围绕学生的日常生活，加强校园文化建设、校外实践建设。

　　在多样化、信息化、多元化条件下，迫切需要准确把握新时期高校德育的走向和趋势，厘清德育活动中的各种关系和问题，这是提高德育的针对性和实效性，始终能够坚持高校德育正确方向的重要前提和必要条件。高校德育工作不但要顺应这种形势的要求，更要找出自己的特色，从实际出发寻找高校德育的方法和途径，构建高校大学生德育共同体。高校还

应根据课内教学和课外实践、校内活动与校外活动的内容,探索德育的实施途径与实施方法;构建教师队伍、管理队伍和服务队伍相互协同,教育与自我教育、管理与自我管理、服务与自我服务相互配合,全员、全过程、全方位育人的德育平台。

二、科学设计三个课堂,促进德育共同体形成

随着"大德育"理念的逐渐推广,三个课堂的提法逐渐被认可,大家相对一致认定传统德育课堂教学为德育第一课堂教育,校内课外活动部分为德育第二课堂教育,校外社会实践部分为德育第三课堂教育。三个课堂内容互相延伸,形式灵活多样,相互配合、互为一体,形成德育共同体。

德育第一课堂是普遍性和特殊性的有机结合,一方面它具有明确的培养目标和教学计划,以班级为基本单位,以教室为主要场所,由教师在规定时间内开展组织教学,进行知识传授。以课堂教学为中心开展德育的第一课堂教育,主要包括以思想政治理论课程为主的理想信念教育;以军训、军事理论课为主的爱国主义教育与国防教育;以心理健康课程为主的大学生心理素质教育;等等。德育第一课堂必须充分发挥主渠道作用,通过创新性课堂教育教学的开展,帮助大学生进行道德发展目标、成长方式及学习方法等的调整,激发其发展自我、奉献社会的道德追求,培养其独立思考、积极参与的主体意识,提升其践行道德要求、推动社会风尚的实践能力,最终实现从"要我做"到"我要做""我能做"的根本性转变。高校德育第一课堂应坚持知识传授,引导大学生理性思维习惯的养成,使大学生将个人价值和社会价值有机融合。

德育第二课堂是以校内课外活动为载体开展德育的第二课堂教育,主要包括文化活动、科技活动、创业活动以及学生结合所学专业举办的课外活动等。高校德育第二课堂作为学生创新能力培养和素质拓展的重要载体,在培养学生创新意识、激发潜能、人格塑造等方面的作用越来越突出。第二课堂教育以其灵活、广泛、新颖的特质和第一课堂无法替代的育人作用,成为实施素质教育的重要载体。第二课堂是高校德育的重要载

体,是第一课堂教学的有益延伸和补充。大学教育需要利用有特色的第二课堂活动教育学生、培养学生,坚定理想信念,营造优秀校园文化,提升学生的实践能力、科研能力、组织能力和领导能力。高校德育第二课堂还应实现对大学生公益意识的培养,使其全面发展成为应用型人才。高校在第二课堂教育中,要注重对学生创新精神的培养,要利用校园文化建设来凝聚学生,开展丰富多样的校园活动,使学生获得归属感与荣誉感。通过开展多层次、高品位的品牌校园文化活动,使学生在健康向上的校园文化氛围中受到熏陶和教育,把校园文化的内化教育功能与大学生自我塑造有机结合起来,最大限度地发挥文化在育人方面的积极作用。要做好青年教师专职团干部的培养工作,在德育第二课堂活动中发挥其"排头兵"和"传帮带"的作用,在构建和谐校园文化方面起导向作用。加强对青年教师专职团干部的培养可以提升德育第二课堂的内涵和水平,对培养和壮大学生干部队伍有重要意义。高校应致力于提高学生创新的热情,精心筹划科教活动项目,激发学生对于创新的积极性,增强大学生的科学精神。高校应提供更多实践机会,促进学生理论联系实际。

德育第三课堂是对第一课堂和第二课堂的有益延伸和必要补充,在高校人才培养中发挥着不可替代的作用。扎实开展第三课堂活动,有助于学生将理论知识学习与社会实践相结合,通过实践锻炼促进自身成长。高校的第三课堂是以社会实践为核心开展德育的第三课堂教育,主要包括大学生对社会的认知,社会实践、志愿服务以及就业见习等校外活动。高校既要重视第一课堂和第二课堂,也要重视第三课堂,要把第三课堂建设放在人才培养的重要位置。第三课堂的内容和途径应区别于传统课堂,以参观体验为主,注重学生的思维训练和实践能力,使学生们通过多元的社会实践拓展学习场域,从而增强交流能力与社会交往能力。高校德育第三课堂的建构要以中国特色社会主义理论体系为指导,全面贯彻党的教育方针和社会主义核心价值观,遵循大学生成长规律和教育规律,以知国情、受教育、长才干、做贡献为宗旨,以社会体验、志愿服务、社会调研和就业实习为内容,以形式多样的社会实践活动为载体,以稳定的实践基地为依托,以建立长效机制为保障,积极引导大学生走出校门、深入基层、深入群众、深入实际,了解社会、服务社会和奉献社会,树立正确的世界观、人生观和价值观。通过第三课堂,大学生逐步融入现实生活,深化对社会的了解,切身感受个体与社会之间的相互关系,理解和习得分辨善与恶的知识和能力,在社会生活实践中完成人生定位,确定追求的目标方向,在服务社会的过程中实现人生价值。第三课堂作用于学生从学校跨入社会的人生关键阶段,也是个体道德人格形成的关键阶段,学校要提供至关重要的支持和引导,实现学校与社会,知识与实践的有效对接。只有三个课堂内容充实、形式多样,才能让学生接纳并内化到行动中,真正发挥育人的功能。

三、协同推进三个课堂,形成完整的德育共同体

我们所说的第一、二、三课堂的内容与形式,实际上就是将高校德育从课堂延伸到课外,从校内延伸到校外,从理论学习延伸到社会实践。三个课堂之间的关系,从目的上来说是统一的,都是为了提高学生的知识、能力与素质。从地域空间上来说,第一课堂主要在教室内部,第二课堂大多在教室外校园内,第三课堂以校园外为主;从形式上来说,第一课堂主要以教师授课为主,第二课堂主要是高校组织下的学生为主体的各项校园活动,第三课堂主要是学校指导下的学生自主参与的各项校外社会实践活动。三个课堂之间的关系是相辅相成、互相促进的。第二、三课堂是对第一课堂外延上的延伸、内容上的补充,其最终目的就是全面培养高素质的人才。

第三课堂是第一课堂和第二课堂的有益延伸和必要补充;第一课堂是学生获得专业知识的主要途径;第二课堂是在第一课堂的基础上,通过组织开展丰富多样的校园文化活动,为学生多方面能力培养提供课堂教学所无法提供的帮助。但仅有这些还不够,知识需要被运用和检验,需要创造和发展。知识再生产的循环是整个社会再生产循环的有机组成部分。第一课堂和第二课堂主要是知识传承本身的循环,是学生、教师和教

材之间的流转,第三课堂主要是实现知识学习与社会生活的初步衔接,通过融入社会生活,知识在应用中被检验、修正和发展。

高校德育第一课堂应坚持履行传授的职责,但不唯知识教学论,要适应、体现高等教育的目标要求,在教学中致力于"授人以渔",引导大学生学思结合、知行统一。高校德育第二课堂应丰富活动内容,包括学术科技、文化娱乐、体育活动、社会实践等社会适应性活动,努力提高学生的人文素质和各方面能力。高校德育第三课堂应使大学生逐步融入现实生活,深化对社会的了解,切身感受个体与社会之间的相互关系,理解和习得分辨善与恶的知识和能力,在社会生活实践中完成人生定位,确定追求的目标方向,在服务社会的过程中实现人生价值。

第二节　建构的基本原则

德育共同体是一个复杂的系统,涉及德育的方方面面,各个相关联部分必须协同运作、互相配合,才能保证德育效果。构建德育共同体的基本原则是整个体系建构的重要方面,这些原则应该成为德育共同体整体运作的基本目标和规范。

一、以德育为先的原则

要坚持"育人为本"必须贯彻落实"德育为先"。因为坚持德育为先是解决培养什么人、怎样培养人的重大问题的关键。人以德立,国以德兴。立德树人是教育的根本任务。德育为先,强调了教育要坚持社会主义方向,培养有理想、有道德、有文化、有纪律的社会主义事业建设者和接班人。德育为先,是教育工作必须遵循的根本原则。

(一)德育为先的内涵

德育即育德,也就是有意识地实现社会思想的个体内化,或者说有目的地促进个体思想品德的社会化。

德育为先是强调德育对整个教育而言要有先导性、引导性的地位与作用。德育为先的具体内涵如下。第一,德育为先是一种教育理念和育人的要求。离开德育谈教育无异于缘木求鱼。如果教育只重视传授知识,那就只能说它在重视教书的任务,但却没有重视育人的使命。第二,德育为先所表达的并不是教育中的顺序问题,而是对教育的本质的界定。在教育过程中,我们都知道德育、智育、体育、美育缺一不可,任何只强调某一方面的做法,都背离了素质教育的关于全面发展的要求。第三,德育为先是多角度、深层次的为先。高校德育工作可以分为领导层面、教师层面、管理层面三个方面。其中领导是方向,教师是中心,管理是保障。领导要重视德育,教师应热爱德育,管理需服务德育。

(二)坚持德育为先的原则

坚持德育为先是中国共产党的一贯主张,坚持德育为先的原则是全面贯彻党的德育工作方针的需要。在德育管理实际中,在学校素质教育中,坚持德育为先原则是坚持党对学校的领导、贯彻党的德育工作方针的具体体现,是中国特色社会主义教育事业的鲜明标志,也是我国教育为社会主义事业培养合格建设者和接班人的重要保证。

德育管理的基本功能是协调德育与学校其他工作关系、合理配置德育资源、增强德育的有效性。坚持德育为先原则是提高德育管理有效性的需要,坚持德育为先原则,有利于增强德育管理者的责任感,增强德育工作者的自信心和使命感,有利于资源合理配置,满足教育工作的需要。提高学校整体素质是现代学校发展的综合目标,坚持德育为先原则是提高学校整体素质的需要。德育既是学校整体素质的重要方面,又在学校素质结构中居于主导地位,对于学校的其他素质具有导向、制约、激励和保证作用。

(三)贯彻德育为先的原则

高校要深入贯彻"德育为先"的理念,以育人为本,以德治学。德育为先重在落实,高校"德育为先"主要通过课堂教学和课外实践来实现,学校理应做到德育先识、德育先行。

课堂教学是高校落实"德育为先"的主渠道,要不断挖掘课堂教学的潜力,充分发挥它的主导作用。

第一,提高思想政治理论课的教学质量。要提高思想政治理论课的教学质量,提升思想政治理论课教师素质是关键。思想政治理论课是大学生的必修课,但不少学生认为思想政治理论课教学枯燥乏味、难以接受,课堂教学难以达到预期效果。思想政治理论课教师如何将抽象的理论转化为能为学生所用的知识至关重要。为使思想政治理论课教学能够贴近学生的生活,教师需要不断提升自己的知识转化能力,使自己成为学生思想道德的有效引导者。第二,要大力普及法律知识,提高学生的法律意识。要培养学生公平、正义等主流价值观,就需要学生有较强的法律意识。法律意识有助于学生良好道德行为习惯的养成,是现代大学生应该具备的思想道德素养的一个重要方面。第三,要充分运用形势政策教育中理论联系实际的优势。"形势与政策"课具有的时效性、针对性、政策性等特点决定着形势与政策课是理论与实践之间的桥梁。形势政策教育形式多样,内容生动鲜活,它以建设有中国特色社会主义的理论为指导,紧密结合国内外实际,把发生在大学生身边的事件作为教育内容,并使之与思想政治教育的理论结合起来,能极大激发大学生的学习热情,增强大学生的民族自信心和社会责任感。

德育的课外实践,主要通过评选榜样示范和活动认同等方式教育和影响学生,从而使学生形成正确的世界观、人生观和价值观。

首先要大力建设校园文化,增强德育的生命力。校园文化的具体表现形式可以分为两部分:一部分包括校园环境、建筑、图书、设备等在内的硬件设施,一部分是由学校的各种规章制度及校训、校风、教风、学风、审美倾向等组成的软件设施。其次要充分发挥党团组织的作用。党团组织既要教育人、引导人,又要关心人、帮助人。要发挥党团组织的政治优势和组织优势,坚持标准,保证质量,把优秀的大学生吸纳到党的队伍中来。同时要保持密切联系群众的优良传统,关心贫困学生、帮助有困难的学生;拓展社团组织活动的领域,发扬学生的集体主义精神和团队协作精神;开展节日活动,增强大学生的主人翁意识和爱国主义情感。如在五四青年节、一二·九运动等节日可以开展内容丰富、主题鲜明的全校性的活动;组织学生开展社会实践活动,增强学生的社会责任感。社会实践是学生走出象牙塔,锻炼自己的知识转化能力的有效手段,因此是对学生道德教育的必不可少的重要环节。

二、整体性原则

在德育共同体中坚持整体性原则是高校"全员、全过程、全方位"育人机制的需要,也是形成高校德育工作齐抓共管、相互配合支持的德育工作机制的需要。

(一)整体性的内涵

整体性原则又称系统性原则,是指管理者在工作中将工作对象看作一个由众多要素有机结合起来的系统,从整体着眼对待各个部分和部分之间的关系,使局部服从整体,实现工作效果最佳化。学校的领导者在管理学校工作时要对各部门、各项工作和各种要素进行系统分析,对它们协调地加以计划、指挥、控制和评价,最大限度地完成学校各项任务和目标。

(二)坚持整体性的原则

坚持高校德育工作的整体性原则是形成学校"全员、全过程、全方位"的育人机制的需要。培养年轻一代的大学生,努力使之成为全面发展和健康成长的一代"四有"新人,"成长、成才、成人"是人才培养的宗旨与目标,既要面向全体学生,面向学生的一切,同时也要坚持全员育人的根本原则,把管理育人、教书育人、服务育人的工作落到实处、落到细节。同时还要对大学生的整个成长过程负责,从招生进来到毕业走上工作岗位这一期间的学习、培养过程负责,即对其成长的全过程负责。全方位育人既是指在德智体美劳诸方面全面发展与健康成长,也指高校育人工作是一个整体,缺少哪一个部门与人员的支持和配合都不行。

坚持高校德育工作的整体性原则是形成高校德育工作齐抓共管、相互配合支持的德育工作机制的需要。高校德育是一个系统工程,涉及高校的单位、部门比较多,因此需要相关部门的人员大力支持、相互配合,变分力为合力,变阻力为动力,既齐抓共管,又分工负责,充分发挥各部门人员的主观能动性,形成高效运转的德育工作新机制。

坚持高校德育工作的整体性原则是实现高校德育工作内容与方法相互衔接的需要。大学生德育与高中阶段德育内容的重复、交叉现象,使得其分工不是那么紧密和自然。再就是大学生德育方法与高中阶段的德育方法也无显著、鲜明的变化,容易使学生产生应付、厌烦、对抗、抵触与逆反心理,从而使得高校德育工作的实效性大打折扣。

坚持高校德育的整体性原则是提高高校德育工作实效性、有效性的需要。高校德育工作是一项系统工程,整体性、统一性是其根本特点。德育工作首先要与其他工作有机结合并高度统一起来,要克服以往德育工作"两张皮""单打一"的现象和弊端,使德育工作贯穿、渗透在文体活动中,以收到"润物细无声"的艺术效果。德育工作的整体性还要求我们的德育工作者要有齐抓共管、相互配合的意识与行动。只有形成"大德育"观,社会、学校、家庭、用人单位之间相互交流情况、沟通信息,相互配合支持,形成德育工作的立体交叉网络与工作体系,才能大大增强德育工作的有效性。

(三)贯彻整体性原则

努力形成高校德育工作齐抓共管、相互配合、支持、协调的育人工作机制。德育工作的整体性原则要求我们高校德育工作的各个职能部门的工作要到位,要根据自己部门工作的特点和重心,积极主动地开展德育工作,发挥各个部门的主观能动性和工作创造性,努力开拓工作的新渠道、新领域。同时又要和其他部门相互支持配合,不留高校德育工作的"盲区"和"死角"。

努力构建"全员、全程、全方位育人"的整体校园环境与氛围。高校要加强与社会、家庭、用人单位的联系,形成全方位、立体化、多渠道、相交叉、多互通的德育工作体系与网络。从德育工作的整体性原则来说,高校应主动加强与社会、学生家庭、用人单位的联系,及时交流信息,沟通情况,相互配合支持,以求共同做好大学生德育工作。

德育是一个整体,只有采取理论教育与实际工作相结合的模式才能达到理想的效果,改变教学与管理相互脱节、各自为政的"两张皮"现象。作为系统化的高校德育工作,教学与管理应互相融合,达到教学中的言之有物;管理部门的部分同志应参加一定的教学活动,通过课堂理论讲解和分析自己工作中遇到的实际问题,促进学生提升对理论的认识与看法,避免就事论事,做到言之有理。

三、以学生为本的原则

学生是教育的中心,也是教育的目的;学生是教育的主体,也是教育的根本;学生是教育的出发点,也是教育的归宿。一切教育都必须以学生为本,这是现代教育的基本价值。学校贯彻"以人为本"的科学发展观,就是要从根本上坚持以学生的成长为本,以学生的发展为本,充分尊重、理解和信任每一个学生,真心诚意地把学生当作教育的主人、学校的主人,保证学生全面健康地发展。

(一)以学生为本的内涵

就思想渊源而言,以学生为本的教育观源于古希腊的自由教育,其核心是充分尊重学生在个性、兴趣、爱好、能力、特长等方面的差异,因人施教。"以学生为本"就是把学生作为学校教育和管理的根本,就是从学生成长和发展的角度出发去开展工作,就是时时处处把学生的切身利益放在学校改革和发展的首位。教育是以关心、关怀、关爱学生的健康成长、全面发展为目的的,这就决定它不仅仅是知识的讲解和传授过程,更多的是文化传承、思想交流、情感沟通、心灵塑造的过程。

"以学生为本"的内涵包括从学生的发展出发,让学生主动发展,让学生个性得到充分发展,让学生实现可持续发展,让学生得到全面和谐发展,让全体学生都得到发展。使全体学生获得全面、主动、有个性的可持续发展,是"以学生为本"的根本内涵。

(二)坚持以学生为本的原则

当前,我国高等教育正处于从规模转向高质量的关键时期。随着高校办学规模的扩大,学生群体出现多样化的趋势,学生学习兴趣、学习能力、学习需求的差异性日益凸显。如何适应大学生群体的需要是保证教育质量的关键。但是在以往的教学改革中,对学生日益增长的多样化、个性化的学习需求考虑不足,这使得我们的教育缺少特色和个性,造成"千校一面""千人一面"。高校能否坚持以学生为本,直接关系到高校德育的实际成效、根本价值和发展前途。

第一,坚持以学生为本的德育原则是我国高等教育培养目标的需要。高等教育的根本任务是人才培养。在新的形势下,全面贯彻党的教育方针,必须坚持育人为本、德育为先、能力为重、全面发展。高校德育的根本任务就是以马克思主义中国化的最新成果武装学生头脑,以社会主义核心价值观教育和引导学生正确认识我国国情,继承和发扬中华民族优秀文化传统,树立民族自尊、自信、自强、自立的精神,树立正确的世界观、人生观和价值观,培养良好的道德品质,培养学生艰苦奋斗的精神和坚强的意志品质,使学生在观念、知识、能力、心理素质方面尽快适应社会发展的要求,促进大学生思想道德素质、科学文化素质和健康素质协调发展,引导大学生勤于学习、善于创造、甘于奉献,成为有理想、有道德、有文化、有纪律的社会主义新人。因此,高校德育必须充分考虑学生的主体地位,围绕学生这一主体来开展,只有这样才能保证教育培养目标的有效实现。

第二,坚持以学生为本的德育原则是促进学生综合素质全面提高的需要。现代社会是政治、经济、科技、教育、文化和生活变化发展极其迅速的时代,要适应迅速变化的、复杂的、转型的社会环境,个体没有良好的综合素质是绝对不行的。"才者德之资也,德者才之帅也。"道德是已有文明的无形看护者,由道德所铸成的道德自觉和心灵秩序,将是遏制恶欲、恶念、恶势力的蔓延和滋长的精神武器。当前高校一定程度上存在着只重视大学生的科学文化知识教育和专业技能培养,而相对忽视大学生思想品德教育和培养的倾向,大学生的思想观念发展和行为规范呈现出滞后于大学生知识能力技能发展的倾向,综合素质得不到健康全面发展,不能从根本上适应社会科技进步和时代发展对大学生素质提出的客观要求。只有坚持以学生为本的德育原则,才能在德育过程中实现学生实践主体和价值主体的统一,激发和满足学生思想道德发展需要和精神文化需要,把自己塑造成为具有优秀个性特征和良好素质的社会主体,形成独立和谐人格,个性得到良好发展,有效地面对生活、适应社会,实现自己的人生价值。

(三)贯彻以学生为本的原则

1. 在德育工作中确立"以学生为本"的理念

学校德育一贯主张"先学做人后学艺"的原则,显然已把"做人"这一德育的主题摆在了首要地位。在实施过程中,学校必须确立"以学生为主体"的师生平等思想,充分认识学生是德育的主体,是德育活动的主人。因此在德育目标的确定上,不仅要考虑社会的要求,更要重视学生自身成长的需要;在德育内容的安排上,不仅要依据社会规范,更要遵循学生的年龄特征和品德形成发展规律;在德育途径和方法的运用上,不仅要充分发挥教师的主导作用,更要强调学生的主体参与意识。教师在任何场合任何环节都要注重学生的主体感受,在处事接物中公平对待每一位学生,充分尊重学生的人格和个性尊严,真正使学生以主人的姿态参与德育活动。在此必须实现三个思想转变。一是由独断式德育转变为疏导式德育。因为学生的思想随着时代的变化正经历着巨大的变革,他们有着强烈的自主意识和个性主张,因此在学生面前过于宣扬教师的自我主导意识已不合时宜,教师高高在上已不适应日益变化了的客观环境和学生的思想实际。二是由纯粹索取式德育转变为批判式德育。长期以来,我们的德育活动过分强调各种道德规范、行为准则的遵守,片面强调学生的主观服从和盲目听从,却忽视了学生道德的判断能力及其判断能力的培养,我们必须让学生在接受新思想新观念时通过批判式的态度来选择道德准则和道德规范,进而提高学生德育的自主判断能力。三是由强迫式德育转变为自主式德育,学生只有自主选择有效的道德标准才能对优秀文化和垃圾文化有鉴赏鉴别的能力,才能抵制社会上的种种消极因素。通过各种途径散播到学校的消极因素,对正在成长中的青少年学生的行为习惯会产生不利影响,使其滋长投机冒险心理,疏于遵守校规校纪,甚至走上违法乱纪的道路。

2. 坚持"以学生为本",促进学生全面个性自主发展

高校课程设置的最高宗旨和核心理念是"一切为了每一位学生的发展"。理想的教育教学应是师生互动、心灵对话的舞台。教学活动应激发学生的学习兴趣,注重培养学生自主学习的意识和习惯,为学生创设良好的自主学习情境,尊重学生的个体差异,鼓励学生选择适合自己的学习方式。

呼唤人的主体精神是时代精神最核心的内容。每一个学生都是一个活生生的个体,每一个学生都希望得到别人的理解和尊重。尊重是调动学生积极性和主动性的重要保证。学生的人格尊严得到充分尊重和保护,学生的主人翁意识也就得到拓展,参与学校和自我管理的主动性就得到进一步发挥。学校要以培养学生的独立性、责任性、进取性、创造性为具体目标,引导学生积极主动参与德育过程,让学生在自主活动中学会自我管理、自我规范、发展自治能力,在自主活动中实现自我发展。

坚持"以生为本",教师要密切关注学生的言行、学生的情感、学生的心理、学生的状态和学生的诉求。如果缺乏对学生的真诚热爱和细微体察,教育就会失去生机和活力;如果没有对学生的人文关怀和服务意识,教育就会丧失生命和源泉。教师应该是学生的亲人,是学生的观察者、呵护者和服务者。"以生为本"还必须使教师树立管理者和领路人的权威,不能对学生放任自流,但也不是板起面孔、大呼小叫。要注意给予学生申诉、利用、维护和保障自身合法权益的机会和渠道,更要不失时机地对学生提供适当教育,强化管理、注意倾听、注意观察、注重分析、注重诊断,把握学生鲜活的实实在在的个性特点,进一步引导学生成长成才。只有让学生心悦诚服,教师才能顺利地完成教书育人的历史重任。教师要站在国家、民族发展的高度,抓好学生的管理工作,既要无微不至,又要把握住

大方向,使学生的一切活动都处于良性状态,即使在教师看不到的情况下,学生的活动也应该是教师意料之中和所期望的那样。

3.建立健全以学生为本的高校德育工作长效机制

高校德育工作要想全面贯彻落实以学生为本的德育理念,就要创新德育形式和方法,建立健全工作机制,增强德育工作的针对性、实效性、吸引力和感染力。

第一,以学生为本,探索大学生德育新模式。当前,要从构建和谐校园的角度加强大学生的思想政治教育,把学生的健康成长成人和成才放在第一位。德育工作者在思想政治工作实践中,要坚持一切从学生的实际出发,相信学生、理解学生、尊重学生、关心学生、帮助学生。要深入调查研究,及时准确地把握学生的思想动态,充分尊重学生,坚定依靠学生。以学生为本的高校德育,要把思想政治教育摆在高校工作首位,贯穿教育教学的全过程,要遵循、坚持五结合原则。一是教书与育人相结合。要统筹课内与课外,处理好教书与育人的关系,充分发挥课堂教学在德育中的主渠道功能,把思想政治教育融入大学生学习的各个环节中,促进大学生自觉加强思想道德修养。二是理论教育与社会实践相结合。要积极拓展思想政治教育的新途径,深入开展社会实践活动,让学生在以学生为本创新高校德育实践中体验理论、提高认识。三是教育与自我教育相结合。在加强德育的同时,积极引导大学生开展自我教育,确立学生的德育主体地位。四是教育与管理相结合。教育长于治本,管理长于治标,二者有机结合,相辅相成,才能标本兼治,收效显著。五是一般教育与个别教育相结合。既要进行面向广大学生的一般性教育,又要注重采用个别教育的方式。五结合原则为探索德育新模式提供了方法论上的依据,有利于发挥各种教育方式的作用、扬长避短、优势互补,有利于建立一种具有较强针对性的德育模式,保障德育目标的实现。

第二,建立科学的德育工作体系。建立科学的德育工作体系是做好大学生思想政治教育工作的前提,更是建立思想政治教育长效机制的保证,因此要打造两支队伍,即专兼职相结合的政工队伍和学生干部队伍。

首先,要加强专职政工干部队伍建设,配备一批思想作风硬、具有奉献精神的专职政工人员,他们是思想政治教育的骨干力量。其次,要培养兼职思想政治教育队伍,发挥专业课教师的特殊作用。要充分调动全体教师的积极性,增强教书育人的自觉性和责任感。教学是学校最基本、最经常的教育活动,课堂也是进行思想品德教育的主要阵地。一方面,在教学过程中,教师要发挥教书育人的作用,在传授专业知识的同时,借助教学内容,对学生进行思想教育。另一方面,教师是实施德育的主体,师德状况直接影响着学校德育的水平。要加强师德教育,重视示范作用,引导教师提高道德修养,言传身教,用高尚的人格感化学生。可以建立教师联系班级、宿舍制度,有计划地轮流安排教师担任班主任或生活指导教师,经常深入学生中间,了解学生的思想动态。在学生干部队伍建设方面,要加强对学生干部的培养与指导。学生干部是学生进行自我管理、自我教育的主要力量。要注重发挥学生干部的模范带头作用,充分利用他们在学生中的威信,发挥他们自我管理、自我服务的作用。

第三,完善全员育人、全过程育人、全方位育人的长效机制。大学生德育是一项系统工程,建立健全机制是做好新形势下大学生德育工作的重要保证。当前,加强大学生的思想政治教育,要在"全"字上下功夫,完善全员育人、全过程育人、全方位育人的长效机制、良好氛围和工作格局。全员育人就是全校的教职工都担负着育人的责任,都是德育工作者。全过程育人就是要把思想政治教育贯穿大学生整个大学学习期间的学习和生活中。全方位育人就是要做到教书育人、管理育人和服务育人。只有这样,才能形成大学生思想政治教育齐抓共管的局面,思想政治教育才能更加富有成效。

第四,发挥课堂教学主渠道的作用。在教学过程中,教师要发挥教书育人作用,所有学科都要渗透德育,抓好育人。德育活动要遵循学生思想品德的形成规律,充分考虑学生的受教育程度和认知水平,根据大学生的心理特点,开展教育活动,详细制定德育目标。要注重在道德内化上下功夫,从点滴小事入手,从道德细节入手。为了使思想政治教育深入人心,易于被学生接受,应采取讲座、报告会、主题班会和个别谈心等形式,帮助学生解答在思想、学习、生活、情感方面的困惑和疑问。要以理服人,以情感人,贴近生活,把思想教育与解决学生的实际问题相结合。既有严肃认真的态度,又要有生动活泼的形式,要注重思想教育的实际效果,不断提高思想教育的质量。

4. 以学生为本,把思想教育与心理健康教育有机结合起来

健康的心理是优良品质的基础,对个体的全面发展具有积极的促进作用。近年来,大学生面临的就业压力、学习压力普遍加大,由此引发的心理问题也日益增多。加强心理健康教育,是新形势下全面贯彻党的教育方针、实施素质教育的重要措施,更是高校德育工作提高实效性、实现创新性的一个重要突破口。心理健康教育是德育工作的重要组成部分,要采取切实措施,建立健全学生心理健康教育和咨询的专门机构,建立学生心理危机干预机制,不断探索思想政治教育与心理健康教育相结合的有效途径。

5. 主动占领网络思想政治教育阵地

网络文化也是一种行为文化,它是校园文化的虚拟表现。随着科技的发展,网络已成为传播先进文化和科技知识的重要阵地。网络具有隐蔽性的特点,要建设好融思想性、知识性、服务性于一体的校园网,运用网络这一虚拟空间不断拓展校园文化建设的渠道,积极开展健康向上的网络文化活动,牢牢把握网络文化的主动权,努力使其成为校园文化建设的重要载体,成为思想政治教育的新阵地。德育工作者要适应形势发展,加强引导,利用网络改变传统德育模式。可以在学校网站建立思想政治专题网页,将德育内容设计成形式新颖、易于学生接受的网络信息,使德育工作更富有实效性和时代性。另外要加强对学生进行网络伦理、网络道德和网络自律教育,培养和提高他们自觉抵制有害信息的意识和能力。加强网络思想政治教育,要遵循互联网发展规律和社会主义精神文明建设规律,体现社会信息化进程和大学生思想政治教育要求,把高校校园网建设成为传播先进文化和弘扬主旋律的重要渠道,加强大学生思想政治

教育的重要阵地和全面服务大学生的重要平台。

四、理论与实践相结合原则

(一)坚持理论与实践相结合的原则

高校德育中,只有理论与实践相结合,才能真正发挥德育的力量,促进大学生生存和发展能力社会化、大学生角色社会化,有助于帮助大学生进行职业生涯规划,提高其创新能力。

理论联系实际是德育的生命线。理论联系实际是我党领导革命和建设成功的重要条件。中国革命和建设获得的举世公认的宏伟成就告诉我们,不能坚持理论联系实际必然导致失败,教条主义会断送已取得的成功,唯一正确的道路就是理论与实际结合起来。始终坚持理论联系实际,德育才能达到目的并获得成功。

理论与实践相结合的原则是构建德育模式最重要也是最基本的一条原则。德育模式的开拓需要超前的理论研究进行指导,需要对德育过程的目标、内容、途径、方法、原则、规律等做理性的思考,对德育"应该怎样"实施进行设想,然后付诸实践并在实践中进行检验。德育模式本身是联系理论与实践的桥梁,它必须是理论研究与实践应用结合的成果。在新形势下,学校德育不断涌现出新问题、新经验,必须借助理论思维把大量分散的德育经验、知识材料加以整理、概括和抽象,才能正确地反映德育规律。另一方面,实践是理论发展的源泉。实践性、可操作性是德育模式的重要特点。

德育的根本任务是帮助学生树立正确的世界观、人生观、价值观,是一项长期艰巨的工程,由此对德育教师就有了更高的要求。德育教师不能把理论教材讲成一般知识,必须真正地理论联系实际,只有这样学生才能入耳、入脑、入心。赋予理论生命力,理论才不是僵死的教条,才能真正地让学生掌握并接受,内化到自己的行动中。在马克思主义理论知识的教学中,让学生掌握马克思主义的理论知识是基础,培养学生应用马克思主义的理论知识观察、分析和解决实际问题的能力是关键,通过教学提高学生的觉悟并且落实到行动则是教学的归宿和落脚点。

（二）贯彻理论与实践相结合的原则

要实现理论与实践相结合，就必须首先学好理论，准确领会理论的精神实质，掌握马克思主义理论的立场、观点和方法。没有理论，就无法联系实际。理论与实践分离的结果，客观上只能让学生养成知行分离和"说一套""做一套"的不良习气。这事关未来民族素质和社会风气的塑造，影响深远、责任重大。因此，德育一定不能仅局限在课堂上，还必须拓宽思路，扩展到第二、三课堂之中。理论联系实际，推动学生学以致用、知行统一、言行一致，这才是德育工作者和思想政治教育课教师对党、对人民真正负责任的表现。

从大学生的认知过程来看，可分为知、信、行三个阶段。通过第一课堂教师的讲授，学生可以掌握一定的理论知识，这是"知"的阶段。在这个过程中，学生是带着疑问和求知的心态来对待教师传授的知识的，他们对这些知识有可能信，也可能不信，对这些理论知识他们还一知半解和半信半疑，不能内化为学生的自觉行动。要达到"信"与"行"就必须让学生参加社会实践，通过参观、服务等社会实践活动来接触社会、认识世界，在实践中检验理论学习的正确性，真正达到"信"，然后才能升华到"行"的阶段，把第一课堂所学内容内化为个人的意志和信念。

高校开展大学生社会实践活动，能够加强和改进大学生德育，发挥大学生的人才智力优势，是促进和谐社会建设的重要举措。高校只有引导大学生通过实践，用所学的理论知识去解决一些实际问题，并在实践中发现问题，然后再回到理论学习中，这样才能激发学生的求知欲，提高学习效果。青年学生将课堂上学到的理论知识很好地应用于实践，接受实践的检验，才能真正掌握真理，增长才干，健康成才。大学生通过社会实践，不仅服务了社会，同时也经受了锻炼，提高了能力，加深了对专业知识的理解和认识。另外，只有理论联系实际、"学以致用"，才能真正发挥大学生的人才优势，促进社会的发展。

第六章 新时代高校德育共同体建设

第一节　高校立体化德育的整体理念

一、高校立体化德育概述

（一）高校立体化德育概念的界定

1. 立体化概念的界定

所谓立体，是相对平面而言的。平面的特征是仅有二维性，立体具有三维性，并且立体化德育的"立体"不局限于空间限定，而且有时间的延续性，是多维度、全方位和运动变化的。进而，立体也更加突出完整性，它不仅具有三维的空间要素、一维的时间要素和运动变化的过程，而且有颜色、气味、声音、氛围等要素参与，与平面二维度相比更加直观、生动、形象、真实。"化"则包含转化之含义，完全彻底的意思。立体化的概念就是指由平面向立体转变的过程和通过这个过程所追求的结果。

2. 立体化德育概念的界定

立体化德育是相当于平面化德育而言的，是一种全方位、多渠道、多因素共同作用的生动、形象、丰富、真切的德育。简言之，就是一种追求真情实感的德育。

立体化德育概念也有广义和狭义之分：广义的立体化德育是"学校、

家庭、社会"三位一体的立体化德育；狭义的立体化德育专指高校立体化德育。

高校通过建立立体化德育内容体系、立体化德育渠道、立体化德育环境、立体化德育体系、立体化德育作用方式等各个方面实现高校立体化德育。由于高校和大学生属于社会的组成部分和成员，高校德育研究不可能作为一个完全封闭、孤立的对象来进行，所以，立体化德育研究也必然涉及家庭和社会的教育作用和影响。

（二）高校立体化德育的内涵之辨

1. 平面化德育与立体化德育

平面化德育与立体化德育，是围绕同一教育目的而采取的不同的德育方式。

平面化德育是运用相对单一、静态、抽象、枯燥的途径和方法，对大学生进行思想道德的教育和道德品质的教育。平面化德育是以单纯的文字和语言为特征的。它以报纸、杂志、书籍、录音、广播、墙报等语言文字为主要工具，采取讲授、报告、宣传的德育方式。其不足之处是，实施过程带有一定程度的时空上的局限性，内容也相对抽象，途径单一，方法静态。

而立体化德育与平面化德育有着截然不同的教育方式。立体化德育是立体的、多信号刺激的、多渠道影响的、全方位作用的德育。它使用多媒体、网络、手机、影视等传媒工具，或创造富有教育影响的软硬环境，或设置学生实践体验的场合和条件，运用丰富、生动、形象、真切的教育方式，使学生在生动活泼、轻松愉快的氛围或环境中，接受德育或受到潜移默化的影响。

高校立体化德育的特点具体体现在以下几个方面。第一，高校立体化德育的教育影响来源是多渠道、多方面、多因素的，既有宏观意义上的大环境影响，也有微观意义上的小环境影响，通过大学生所接触的所有人、事、物、活动接受不同程度的教育影响。第二，高校立体化德育的过程生动、内容真实，让学生有身临其境的感觉，有真情实感的感受。第三，高校立体化德育媒介和手段更加趋向现代化,如运用网络、影视等传播媒介,使用学生喜闻乐见的方法形成"声、形、图、文"等为一体的德育传播方式,适合青年学生身心特点。第四,立体化德育方式克服了平面德育的时空局限,具有影响渠道多、覆盖面宽、渗透力强的特点。

2.立体化德育与德育立体化

如前所述,立体化德育是不同于平面化德育的一种新的德育方式,是一种全方位、多渠道、多因素共同作用的生动、形象、丰富、真切的德育。而德育立体化,则是由平面化德育向立体化德育转化的过程和所追求的目标。

德育立体化可以分成三个层次。第一层次,是通过书面语言或口头表述的方式,对学生进行德育,通过形象生动的描述,借助形象思维而实现德育立体化过程。第二层次,是通过电影、电视等影像手段,直接作用于大学生的听觉和视觉器官,给予大学生以立体的感受,称为间接的立体化。第三层次,是让大学生直接进入某项具体的实践活动之中,使多种刺激信号同时作用于学生视觉、听觉、触觉等感觉器官,感受真实存在的场景和真实过程,得到真实体验。

德育立体化也是一种完全彻底的立体化,用立体化德育代替平面化德育的全部。但是,这只是一种理论意义的状态和目标。实际上,我们在追求立体化德育的同时,也不能否认平面化德育的作用和效果。

(三)高校立体化德育的主要构成要素

1.高校立体化德育的主体

德育主体和德育客体是德育过程中的两个基本因素,二者间的关系是德育过程中最基本的关系。纵观德育的发展历程不难得出,传统教学中,德育模式基本为"主体—客体"德育活动;德育工作者为德育主体,德育对象被视为被动接受的德育客体,德育工作者采取单向灌输的方法,将德育内容灌输给大学生,此种方式在很大程度上挫伤了大学生自主学习德育内容的积极性和热情。在弥补此种模式不足的情况下,高校立体化德育提出"主体(客体)—客体(主体)"为一体的双向互动的德育模式,德育工作者既是主体又是客体,向大学生进行德育引导时,也受到大学生对其的德育影响;大学生既是客体又是主体,在接受教育影响的同时,也对周围人群产生着影响。

根据马克思主义的观点,人是有思想、有感情的动物,具有社会性和主观能动性,大学生德育主体性也由此呈现出来。高校立体化德育就是充分肯定和尊重了大学生在德育活动中的主体性,把大学生和教育工作者看作平等的人,把大学生和教育工作者共同作为德育主体,尊重大学生的人格、尊严和权利,激发大学生主动参与德育活动的意识。

2.高校立体化德育的客体

高校德育的对象是大学生。一个人思想品德的形成过程,实际是他们的知、情、信、意、行五个要素均衡发展的过程,也是把这五个要素作为一个整体,全面地对大学生进行教育的过程,再加上大学生本身又是现实生活中的"立体人",这就要求对大学生进行思想道德教育和道德品质教育,也需要采取立体化的过程。另外,由于思想道德教育对象的情况错综复杂、千差万别,表现出非常明显的层次性,而且在现实生活的社会环境之中,他们生活、学习与工作的周围环境、社会关系,每时每刻都影响着教育对象的思想政治品德的形成和发展,引起教育对象思想品德结构发生变化。因此,对大学生实施德育活动,要根据不同标准、不同层次的大学生采取不同的应对措施,对各种思想道德教育现象和问题进行立体的综合分析,从多种渠道、多种角度、多种层次,全方位实施,避免把复杂的现象和复杂的人的特性简单化。

3.高校立体化德育的媒介

传统平面化德育媒介,课堂上主要由黑板、粉笔和书报组成,课外德育工具主要由报纸、杂志、图书等纸质媒体和形象媒体广播组成,传播渠道相对单一、简单。而立体化德育媒介,在原有德育资源和德育媒介的基础上,把现代化的科技成果引进学校、引进德育课堂,运用现代媒介增强德育效果。高校立体化德育媒介,不仅包括图书、广播、电视等平面化德育媒介,而且包括现代德育媒介,如电影、电视、多媒体、网络和手机等新型的传播工具。课上,通过现代德育媒介,集"文字、声音、生动形象的画面"于一体,使得课堂教学更加生动、形象;课下,把德育信息通过网络、手机等现代工具进行传播,加速了人与人的沟通,加深了德育主、客体间的联系,拓宽了德育传播渠道,推进了高校立体化德育渠道的建设。

4.高校立体化德育的环境

每个人需要面对的环境都是多元的、立体的。根据环境具有多元化、立体化的特性,高校立体化德育环境可以从多个角度、多个层次进行区分。立体化德育大环境分"家庭、学校、社会"三个层次的立体环境。因为人从具有生命起,其思想意识就开始受到家庭环境的影响;进入校园后就会受到相对丰富的校园环境的影响,其间,还要接受复杂的社会环境的制约;大学毕业后,又要回归到家庭环境和复杂的社会环境中,继续接受环境对其的影响、作用。相对来说,高校校园环境属于环境的"中间站"。

立体化德育小环境仅指学校环境。学校是学生生活、学习的场所,作为德育的主阵地,其本身也是立体的场所,且高校立体化校园环境也具有层次性,如硬环境和软环境。硬环境是指学生赖以成才的物质基础,如各种各样的教学设施、生活设施,以及文化活动场所。软环境是指影响学生发展的精神因素,如大学精神、校风、教风、学风、校训、文化氛围、人际交往、制度文化、风俗习惯等多方面。因为学生成长的环境是一个立体的受多种因素影响的系统,所以,必须整合德育环境,系统地育人。

5.高校立体化德育作用方式

高校立体化德育是通过多方面、全方位、多因素的方式、方法和手段,共同作用于大学生的思想素质、道德品行,最终实现大学生的全面发展。高校立体化德育的作用方式主要有以下三种。

首先,体现为人与人间的教育影响作用。高校内部教育者与学生、管理者与学生、学生与学生间的互动,高校外部父母与子女、社会人群与学生的互动等,多个方面、立体互动的交往途径,是真实客观存在的德育渠道,而且能使学生真实感受到影响其人格形成的教育作用。

其次,体现为人与物的立体影响作用。物是一个立体存在的客观物体,对大学生思想也具有重要的影响作用。因为人在能动改造某些物体的时候,物体也在对人的思想的形成进行着不同程度的影响。

最后,体现为现代传媒对大学生道德的影响作用。电视、网络、手机等现代信息技术的运用,直接对大学生的思维方式、生活方式、交往方式产生巨大的影响。因此,要紧跟时代发展的客观要求,有效地利用现代传媒对大学生思想道德品质和综合素质进行的教育影响作用,增强高校德育的实效。

(四)高校立体化德育的特点

1.教育的整体性和过程的生动性

系统的最大特点在于整体的功能大于各部分之和,通常系统的整体功能相对于各组成部分的功能是一种质变。高校立体化德育不是简单的在个体之间进行的德育实践活动,其整体性体现在资源的整体性、德育方法的整体性、德育目的的整体性、德育内容的整体性、德育过程的整体性等方面。高校立体化德育把多种资源作为一个整体,对大学生进行教育、引导和培养,形成一种德育合力。无论是从广义概念上的"学校、家庭、社会"一体的高校立体化德育,还是从狭义概念上的高校立体化德育来看,其目的就是实现大学生的全面发展,强调具有德育功能的多个方面形成一个整体,使它们为了共同的德育目的互相支持,形成一种前进的合力。例如,高校内形成的人文环境、多种多样的德育活动、文化宣传、网络信息的传递、教育基地作用等德育载体和途径,共同协调作用于大学生的思想政治素质和道德文化素质,从而推进德育的有效实施。

高校立体化德育媒介的运用,使得德育信息传播更加生动、更加形象、更加感性。借助现代化传媒工具、手段对德育进行广泛传播,使过去平面化德育由"读""想""听"变成了"看""听""信"为一体,让学生能真实地"看"到德育画面,画面中的时间、地点、人物、景色都是客观存在的;"听"到视频中人物间的语言交流;"信"服道德是人成长的需要,以及把良好道德行为作为人生的一种信念。而且运用现代传媒工具,可以在极短的时间内甚至几乎是同时,把具有道德功能和作用的视频在广大民众间迅速传递,使大家迅速了解。其传播空间广阔,德育辐射范围宽广,跨越了年龄、性别等之间的界限。

2. 空间的立体性和内容的真实性

高校立体化德育具有一个最鲜明的特点,就是空间的立体性。空间的立体性可以从多个角度进行考虑:宏观上看,从家庭教育、社会教育、学校教育、环境教育等空间上,对人产生多维教育影响作用;微观上看,从教育者、社会人群、亲朋好友、影视人物等方面,对人产生多维教育影响作用;从载体的功能上看,集声音、视频、文字、图片等立体多维地对人进行教育作用。通过建立立体多维的空间,运用多渠道、多角度、全方位的教育影响,使受教育者在不知不觉中发生变化,而且这种教育不受时空限制,可以处处存在,能够有效地覆盖受教育者的学习和生活空间,使教育从单一走向多元,如管理育人、教育育人、服务育人、环境育人等,从不同层次、不同维度对受教育者进行立体教育影响。

高校立体化德育内容具有鲜明的真实性和显著的生活化特色。高校立体化德育能给予学生真实、真切的感受,因为无论是环境育人还是服务育人,都是发生在身边的真人、真事,能让大学生深刻感受到,很大程度上改变大学生理念中德育就是"假、大、空"的理论性知识的认知。

另外,在选择德育内容时,也要与大学生的真实生活接轨,如果高校立体化德育内容与大学生身边的生活相差甚远,无法解决大学生生活中存在的问题,就很难激发学生学习的热情,因此要在教育中体现生活气息,增强德育真实效果。正如中国教育先导陶行知所说"生活即教育",好的生活就是好的教育,坏的生活就是坏的教育,使学生在生活中处处感知教育的存在,彰显德育的真实性和生活化。

3.方法的多样性和媒介的多元性

立体化德育方法是德育工作者面向德育对象在德育过程中所采用的方法,是德育的教育者与德育对象相互作用的媒介和桥梁。立体化德育,其方法或方式具有生动、形象、真实的特点,它既不是教育者一方的活动方法,也不是以教育为主的活动方式,而是教育者和受教育者共同活动、相互作用的方法。高校立体化德育在采用方法方面具有多样性的特点。比如,理论讲授法、案例教学法、情境教学法、现场教学法和模拟教学法、体验教学法等,都是立体化教育的方法,而且把教育者的榜样示范法和实践教育法相结合、环境教育法和隐性教育法相结合等,协同对大学生进行德育影响,更能增强大学生德育的效果。例如,教育者的榜样示范法是最有效的让学生感知的方法,学生在校期间与教育者接触最多,教育者的道德行为最具有说服力;实践德育方法,就是在社会实践和社会环境中、在社会教育活动中达到教化目的和作用,使大学生感受到良好的道德品质,不仅是社会发展的需要,更是人客观发展的需求;而隐性德育是大学生在无意中所感知、所感触的教育方法,因为隐性德育是发生在大学生身边的真人、真事,所以更能激起大学生内心中的共鸣。

随着现代化科技成果大量地被引入德育活动中,立体化德育的媒介选择越来越趋向于现代化、多元化。传统德育课堂媒介主要是"一黑板、一粉笔、一本书、一张嘴",其他课外德育媒介主要是报纸、杂志、广播等相对平面的德育传播工具。在信息化时代的今天,电视、网络、短信通信等现代传媒媒介已经深刻地介入和影响着大学生的生活,改变着大学生的生活方式,对学生的思想道德品质的形成产生着深刻的影响。高校德育在继续利用传统常规媒介的前提下,又增添了现代化的德育媒介,即电视、网络、手机等现代化的传播媒介,通过现代信息技术所提供的平台,丰富了高校德育的手段,推进了高校立体化德育实施途径的完善。

4.对象的主体性和地位的平等性

传统高校德育模式基本属于以管理者、教育者为主体,忽视受教育者的主体地位;而高校立体化德育充分肯定了学生的主体性和能动性,以学生全面发展和满足学生的成长需要为德育目的,将"以学生为本"作为立体化德育的归宿点,管理者和教育者是为学生的全面发展服务的。高校立体化德育注重发挥学生的主体作用,让大学生在社会实践中践行自身的德育认知,从自发到自主、自觉地进行思想道德教育和价值判断与选择,并最终养成良好的思想政治素质和道德素质。

高校立体化德育主客体地位的平等性,是建立一种人人都是德育主体,个个都具有教育影响,改变仅由教育者单方面灌输的德育模式,改变了德育主客体之间的不平等、不对等性。人与人的平等性,可以最大限度地调动受教育者的参与意识。另外,由于教育者与受教育者间的平等关系,也避免了教育过程中受教育者的逆反心理,通过对受教育者无意识的心灵反应机制施加影响,受教育者受周围环境、行为和信息的感染、熏陶,会在无排斥心理状态下不知不觉地接受教育信息。由于受教育者在参与实践中发挥了其自身的主观能动性,在行为中检验了自身的教育认知,因此,德育平等性更能促进大学生自主内化、自我教育思想的形成,自觉提高自身的道德素质。

二、高校立体化德育实施途径的探索

(一)努力创造育人环境

1. 家庭环境

家庭对大学生德育的养成起着极为关键的作用。家庭在一个人的一生中,不仅是童年的摇篮、一生的港湾,而且对其一生德智体美劳等全面素质的形成和发展起着全面持久的影响。虽然大学生入校后,家庭对大学生德育的影响有所减少,但是家庭德育依旧发挥着基础性的作用。由于家庭德育的基础性和影响的深刻性,家庭应该承担起自身的教育职责,积极营造健康、向上、和谐的家庭德育环境,为大学生创造良好的家庭教育环境。

家庭氛围是家庭中长期积累而成的精神状态和情感倾向,是一种潜移默化熏陶感化的潜在教育因素。家庭环境可以分为物质和精神两个方面。物质方面,包括家庭经济收入、居住条件、环境美化等;精神方面,包括家庭道德、家庭文化、家庭舆论、家庭风尚等。所有这些因素紧密地联结在一起,共同构成现实家庭教育环境的整体和合力,全方位、多角度、多层次地影响着教育对象。

因此,家庭教育应该是立体化德育的实施途径之一。优化家庭内部的教育环境,家长要在物质和精神两个方面做出努力。首先,要创造良好的物质环境。家庭的物质条件,不求豪华、奢侈,只求舒适、整洁,一切东西摆放有序。这样,可以促进孩子形成良好的生活习惯和审美观念。其次,要创建良好的精神环境。家长要创建民主和谐的家庭氛围,反对专制和暴力,充分尊重孩子的主体意识,使家庭环境具有积极的道德取向、主流的家庭文化、正确的舆论导向,形成良好的家庭风尚。

2.学校环境

学校是大学生德育的直接责任者,是进行系统德育的重要阵地,学校环境是高校立体化德育的重要方面。学校环境特别是文化建设,对育人发挥着潜移默化的影响。一所大学的文化,通过明确导向、创设环境、营造氛围,潜移默化地影响大学教育和社会教化。学校环境质量如何,与大学生息息相关,它对大学生具有强烈的暗示性、渗透性和潜移默化的作用,并持久地产生着影响。所以学校环境应该是高校立体化德育建设的重点,要不断地加强校园硬环境、软环境,包括制度环境的建设,更好地为高校德育服务。

首先,要科学规划、精心设计,构建优美的校园硬环境。学校硬环境是指高校的自然地理位置、校园建筑、整体的布局和规划、绿化美化以及校园的文化设施等,是学校环境的有形部分。如果在校园环境的建设中融入德育的要素,按照德育规律加以精心设计,使其从一般的物质环境转化为具有育人功能的德育环境,进而转化为影响学生的思想情感和道德行为的重要外部力量,转化为持续不断地感染、陶冶人的精神力量。

其次,要认真制定严格规范、科学合理的制度,创建良好的校园制度环境。学校的管理制度是一所学校精神文化的反映,通过制度的约束力、影响力和牵引力,来体现学校的导向,规范引导学生的行为。要建立强有力的德育工作管理体系和高校的德育运行机制,为高校动态的德育活动奠定坚实的基础。在制定制度的过程中,要注重制度安排和引导,用科学制度的制定、执行、监督,保证、规范并引导高校师生的言行,要将制度的制定和高校德育工作以及大学生多方面的发展需求结合起来,建立起科学且规范的规章制度,使大学生在遵守各项规章制度的过程中,自觉地向德育要求的目标靠拢,将自我约束和自我管理结合起来,更好地提升自身的道德素质。

最后,搞好宣传教育,树立良好的校风、学风、教风,营造优越的校园软环境。校园软环境是一种无形的德育环境,它与校园硬环境及制度环境共同构成学校德育环境,并发挥着重要的作用。学校软环境从不同层面影响、改变和塑造着大学生的认知、情感、行为,还反映了高校追求的价值目标、道德情感和行为模式。它是通过学校师生共同营造,并经过积淀、选择、凝练发展而成的,它所倡导的道德价值和校园精神已经浸透和附着在校园内的各种环境和人文因素之中,并让大学生时时刻刻感受到它的存在。因此,校园软环境对大学生的思想道德教育和熏陶是十分重要的,应坚持不懈地构建和营造优越的校园软环境。

3. 社会环境

社会对大学生德育的影响日趋增强,社会影响转化为德育影响的成分越来越多,社会环境中所包含的经济、文化、教育等因素,日益成为影响大学生德育的重要方面。社会环境能通过个体的种种活动,塑造个人行为的智力和情感倾向。社会环境毫无意识地、不设任何目的地发挥着教育和塑造的影响。社会环境是相对于家庭环境、学校环境而言的,是指家庭、学校以外的德育环境。社会环境对高校的影响程度日益加深,大学生不仅仅受到来自校内德育的影响,也受到现实社会生活的影响,大学生德育素质的形成是多种因素共同作用的结果。因此,高校立体化德育要关注社会环境建设,推进有利的社会环境建设,优化和开发社会环境,充分利用和挖掘社会环境因素的育人功能,提高立体化德育的实效。立体化德育作为社会实践活动的一部分,存在于社会之中,无法脱离社会自成系统。要积极营造有利于高校德育的综合环境,使人们在优美、有序、和谐的自然环境和社会环境中受到潜移默化的教育,实现环境育人,增强德育的效果。

一方面,积极建设社会硬环境。社会的"硬环境"主要是以实物形态所展示的人口、地物、地貌、资源、设施等物质环境。要特别注意开发、挖掘其中的德育资料,并积极加以利用。比如,建立一些与当地教育发展相适应的德育基地。这些基地可以是历史纪念馆、文物保护区、革命遗址等爱国基地,也可以是军训、社会实践、专业实习等实践基地,还可以是文化娱乐、体育运动等文体活动基地。通过对这些硬环境的改造和利用,既能填补学校德育条件的不足,又积极拓展了德育的空间,给大学生更好的德育熏陶。

另一方面,努力创设社会软环境。社会的"软环境"主要是指以精神面貌所展示的社会、政治、法制、文化、教育等人文环境。就蕴含的德育因素来说,社会软环境就是社会上的人们在经济、文化、精神等活动中通过共同生活、相互交往,积淀形成的价值观念、行为规范和道德准则,高校德育从这种环境中获得的渗透力最为强烈,也是立体化德育实施的重要途径。要创设良好的社会环境氛围,特别要重视文化的管理和法制的建设。例如,文化部门要会同相关执法部门认真开展对音像、书刊市场的管理和稽查活动,切实加强对各种文化场所的管理。公安部门要采取有效措施,维护社会秩序,打击歪风邪气和各种社会犯罪活动。我们要积极开展各种构建和谐社会的活动,创设一个良好的社会软环境,让大学生在美好的环境中受到教育。

4.虚拟环境

虚拟环境主要是指网络环境。随着信息技术的发展,网络与人们的生活日益密切,给人们的思想也带来重要影响。网络正在逐渐成为德育的新阵地,不但为高校德育工作提供了丰富的资源,而且突破了时间和空间的限制,将家庭、学校、社会的影响有机地整合起来,极大地扩展了德育的时间和空间。网络已成为大学生思想道德教育信息的新载体,它以一种全新的信息传播方式,加速了思想道德教育的知识、价值传播,网络互动平台更好地满足了思想道德教育者和受教育者之间双向互动的需要,网络的技术特性有利于促进思想道德教育获得最佳效果,网络与思想道德教育的关联日趋紧密。所以,高校立体化德育的环境与虚拟环境的关联亦应紧密起来。要加强虚拟环境的建设,构建健康积极、催人上进的网络环境,开展以德育为主题的网上论坛、网上讨论、网上交流等,通过平等交流、民主对话、积极渗透、加强监督等方式,强化德育,不断增强网络环境的影响力;要坚持管理和教育相结合、"堵"与"疏"相结合、他律与自律相结合的原则,积极制定有利于德育虚拟环境建设的政策,保障虚拟环境的健康发展。

(二)用心打造校园文化

1.建设丰富多彩的校园文化阵地

(1)活动阵地

活动阵地即校园内的政治、学术、科技、文体等活动,以及这些活动的延伸与扩展,如大学生文化节、体育节、艺术节等活动,已经形成传统的开学典礼、毕业典礼、校庆日等校园节庆活动。高校这些活动不但承载和体现着校园文化的内涵,也传承和发展着校园文化的内涵。高校应把立体化德育的理念注入这些活动中,在提升校园文化内涵的同时,也使广大师生从这些活动中受到锻炼、熏陶和教育。高校要精心设计,认真组织,长期营造,形成特色,使之成为吸引力和感染力强的教育活动阵地。

(2)社团阵地

社团阵地即校园中由师生按照个人兴趣爱好,自愿组织和参加的只有政治性、学术性、科技性、文体性等的各种社团。社团活动的开展给大学生的业余生活和大学校园增添了亮丽的色彩,大学生社团的建设在创建校园精神文明、繁荣校园文化、拓展学生综合素质及实践能力等方面,起到的作用越来越突出。加强社团建设正成为拓展高校德育空间的重要手段,也是立体化德育的重要组成部分。高校应当加强对校园内各种社团的扶持和管理,引导和帮助他们把握社团发展的方向,健全社团规章制度,活跃社团生活,提高社团活动质量,扩大社团影响。社团自身也要不断强化育人功能,使学生社团真正成为学生的精神乐园,成为校园文化的亮点,成为立体化德育的重要阵地。

(3)舆论阵地

舆论阵地主要是指学校的校报、校刊、校内广播电视、学校的出版物以及校园网等。高校开展德育,要树立立体化德育理念,坚持正确的舆论导向,采用多种方式,发挥舆论阵地在德育中的积极作用。高校除了要加强对各种传统媒体的建设和管理外,还要特别重视和加强对校园网等新型媒体的建设,主动占领网络德育新阵地,使网络成为弘扬主旋律、帮助大学生积极向上健康成长的新手段。高校可以针对网络特点,建设一些融思想性、知识性、趣味性和服务性于一体的主题教育网站和网页,建立网上德育工作队伍和网络德育工作体系,积极主动地开展生动活泼的网络德育活动,形成网上德育的合力。

2.充分发挥大学生在建设校园文化中的作用

(1)充分调动学生的积极性

大学生是校园文化建设的主力军,他们不仅有较强的表现欲和交际需求,能积极主动地投入校园文化活动之中,而且他们大多都具有较高的政治觉悟、敏锐的鉴别观察力和开拓进取、敢于冒险的精神,这可以使得校园文化更好地发展。首先,高校要给大学生提供一个民主自由的环境,让大学生可以尽情地发挥自己的才能,不受太多约束。其次,可以采取一些激励措施。例如,通过征文比赛,鼓励学生创作新的文艺作品,用年轻并且独特的视角阐述校园文化;通过将大学生参与校园活动所取得的成绩计入大学生的综合测评等形式,让大学生更为积极地参与校园文化活动。最后,提供一定的经费和制度保障,让学生真正参与进来,从单纯的接受者变成主动的创造者,在参与中加强对德育的认同,加深学生对德育的理解。

(2)努力激发他们的创造性

校园文化要想获得发展,从根本上离不开创新,离不开激发他们的创造性。这种创造性也是发挥他们在校园文化建设中的主动性的必然要求。而在这个创造过程中,大学生们能挖掘出适合他们的校园文化中的德育因素,用他们喜欢接受的方式来创造,取得更好的校园文化建设效果和提高学校的德育水平。

(3)尊重他们的个性

校园文化以其独特的文化创造为标志,也在不断显示个性。个性是一种创造活力,是一种对自身价值的追求。作为校园文化主体的大学生,既是文化影响的对象,又是文化建设的主人,校园文化个性的塑造,还得依靠他们的个性来实现。

所以,高校在校园文化建设中应该高度尊重学生的个性,推动立体化德育融入校园文化的发展,激发他们的责任感,让他们在品味自己劳动成果、体验自己成功喜悦的同时,受到教育,在个性完善中,提升德育素质并促进校园文化的发展。

总之,立体化德育融入校园文化,可以把德育的内容渗透各种生动活泼、形式多样的校园文化活动当中,促使青年大学生在快乐中接受教育,在教育中体会快乐。这样的教育效果往往比传统平面德育的方式要好。同时,立体化德育融入校园文化,会形成一种无形的感染力量,影响大学生的思想观念;陶冶大学生的情操,使大学生在潜移默化中受到教育,弥补传统德育的不足。

(三)深入开展社会实践

1.大学生社会实践的特点

(1)形式的多样化

大学生德育实践的形式灵活多样,而且在不断拓展和创新。大学生德育实践可以分为社团活动、社会调查和实践、参观思想教育基地、大学生志愿服务、暑假"三下乡"、政策宣讲、支教、支农等形式。

(2)场景的开放性

大学生德育实践的场景是开放的,不局限于校内,也可以走出校园;不局限于社区,还可以深入企业、机关。德育实践场景的开放有利于大学生融入社会,也因此深深吸引大学生参与其中。

（3）主体参与的广泛性

德育实践的参与主体是十分广泛的，不论年级、所学专业和性别，还可以是全体学生；而且不同年级、不同班级、不同院校的大学生，可以联手共同开展一些大型实践活动。德育实践以其参与主体的广泛性，使不同院校和不同年级的大学生共同交流、相互促进，也使实践活动能够蓬勃开展，产生广泛的影响。

（4）体验的深刻性

大学生德育实践给大学生带来的体验是深刻的。大学生在第一课堂所学的知识，还停留在一般的理论认知程度，没有深刻的切身体验。大学生德育实践以实际体验为主的活动模式，使大学生在实践的过程中能够产生深刻的感受，从而有利于形成感性认识，加深对课堂德育内容的理解。

（5）易于接受性

大学生德育实践，不仅形式多样、场景开放，而且大多是大学生自己设计、组织和实施的活动项目，大学生在其中有很高的自主性。因此，德育实践对大学生有较强的吸引力，也因为在实践中的学习是自主学习和启发式学习，因而，更容易使大学生理解德育内容，大大提高德育的认知水平。

2. 努力拓展社会实践的新形式

大学生德育实践活动在各高校都开展了很长时间，在实践过程中也总结出了许多好的活动形式和内容，如大学生社团型的社会实践、义务支教、党的理论宣传、社会热点调查等，这些活动充分发挥了大学生的积极性、主动性，容易使活动落到实处，收到很好的效果。我们要积极拓展新的德育实践形式，丰富实践活动，推动德育发展，结合当前社会发展需要和大学生成长需求，赋予德育活动新时代的特色，给德育实践注入新的活力。

3. 积极扩大社会实践活动的参与面

坚持理论学习、创新思维与社会实践相统一，坚持向实践学习、向人民群众学习，是大学生成长成才的必由之路。这充分强调了实践育人的重要性。当前,高校实践育人虽然进一步得到重视,内容在不断丰富,形式也在不断拓展,取得了很大成绩,但是,实践育人仍然是高校人才培养比较薄弱的环节。要积极扩大社会实践活动的参与面,打破传统集中于本科生、研究生单一参与层面的社会实践,积极鼓励党团干部、辅导员和"两课"教师参与指导,提高德育的有效性。党团干部、辅导员、"两课"教师的参与,可以将大学生德育更好地融入社会实践过程中,打破传统的德育只有在校园内完成的观念。走出校门,在社会这一相对宽松和谐的环境中进行思想教育,与课堂教育相比,会收到事半功倍的效果。

4. 重视实践活动基地建设

实践育人基地是开展实践育人工作的重要载体。建立大学生德育实践基地,使大学生的德育实践活动变得基地化、规范化,是进一步深化高校德育实践活动的内在要求。大学生实践基地是开展好大学生实践活动的基础和有力保障,应该给予足够的重视。高校应该将现有的一批实践活动基地拓展为德育基地,最大限度地发挥实践活动基地的实践教育和德育两大功能。高校要提供必要的经费和制定相应的政策,建立、健全长效激励机制,加大对实践基地建设的投入力度,同时,也要避免建设的随意性,避免重建设、轻培育的现象,更好地为德育工作服务。

将立体化德育融入大学生社会实践的过程,是以一个新的视角来审视高校大学生社会实践,把立体化德育体系融入大学生社会实践,在社会实践中提高德育工作的有效性与针对性,使立体化德育融入大学生实践落到实处的过程。

(四)充分运用现代传媒

1. 开展丰富多彩的校园网络文化活动

开展丰富多彩的校园网络文化活动有助于形成良好的校园网络文化环境,活跃校园文化氛围,有助于立体化德育融入网络文化建设持续、健康发展。

第一,正确认识校园网络文化活动的主题。校园网络的主体是人,立体化德育的主体依然是人。要突出育人这一主题,就要正确把握校园网络文化活动的主导方向。通过校园网络文化活动,使师生员工在良莠不齐的道德思想天地中,明辨是非、武装头脑,自觉抵制歪理邪说;坚定信念,树立正确的世界观、人生观和价值观;主动适应青年学生喜欢上网、兴趣广泛、审美能力强的特点,满足多层次的精神文化需求。

第二,切实掌握校园网络活动的方式、方法。一定要以学生为本,找到网络活动的切入点,把活动深入师生中间;还要把握青年学生特别是学生网民这个特殊群体的特征,充分调动他们主动参与校园网络活动的积极性,激发其创作力,使他们成为校园网络文化活动的主体。

2. 坚持网上和网下德育相结合

互联网具有及时、互动、灵活、形象等优势。我们应充分发挥和利用互联网的优势,结合大学生思想动态,针对他们关心的热点、难点问题,在思想政治工作网站上设立一些如论坛、班级交流群、留言本、邮件列表等形式的栏目和常见问题回答栏目,为大学生的思想政治工作服务。互联网为德育工作提供了有效的途径,但网络不是万能的,网上教育只是德育工作的一种有效方式。只有将网上和网下德育工作有机地结合起来,德育工作才能发挥出最大的效应。网下德育工作要发挥传统德育工作的优势,多形式、多途径地进行,务求实效。比如,通过课堂教育开展德育,开展一系列德育主题活动,营造良好的校园氛围等。

3. 促进学生心理健康发展

高素质人才需要拥有良好的心理素质。网络文化中所包含的积极因素,可为学生培养健康的心理素质提供有效的方法。当今社会,来自各方面的激烈竞争及社会和自身的诸多原因,使得大学生承受着巨大的心理压力,有部分学生甚至存在一定程度的心理疾病。高校可以开设网上咨询热线,给存在心理问题的大学生以及时和正确的指导,使学生在不需要说明自己身份的情况下,尽情地诉说或宣泄,还可使其在网上接受心理矫治,从而拥有良好的心态。高校还可以利用网络来教育大学生树立心理健康意识,增强心理调适能力,全面提高心理素质,使其坦然面对和正确处理学习、择业、人际交往中所遇到的问题。另外,可以设计一些健康的网络游戏、有奖答题竞猜、网友讨论等多种自娱自乐、喜闻乐见的网上活动,为青年学生提供适度的自我表现机会。一旦这种精神环境和文化氛围形成,就会既满足大学生身心发展的需要,也有助于形成蓬勃向上、健康的校园文化氛围。

4.举办有特色的校园活动

以网络为载体开展的校园文化活动可以集声音、图像于一体,同时,运用学生视觉和听觉,给大学生以立体化的感受。另外,在网上开展各种校园文化活动,可以不受时间、地点等条件的限制,也可以充分发挥学生的创造力、调动学生参与的积极性。这种利用多媒体技术开展的活动可以取得传统媒体难以取得的效果。例如,大学生社会实践成果欣赏,配上音乐和精美的图片,将会提高实践活动的感染力,激发学生参与德育实践的热情。同时在网上开展各种类型的知识竞赛、辩论赛等活动,可以在校园营造追求知识、追求真理、积极向上的文化氛围,在这种氛围的熏陶下能够使大学生的德育素质得到提高。

5.电视及网络视频是当前推进立体化德育的重要手段

科学技术的发展,信息技术、多媒体技术和影视技术的日趋完善,为高校立体化德育的开展提供了良好的技术基础。充分利用这些条件,利用好电视和网络视频,大力推进德育现代化,提高德育的覆盖面和渗透力,也是立体化德育的有效措施。随着3D技术的发展及其电视频道的开通,将会给观看的大学生带来不一样的感受。它将画面立体逼真地呈现在观众的面前,配合动作、声音,不仅给观众带来听觉和视觉的刺激,而且让观众有种身临其境的感觉,增强了立体化的感受,能够取得很好的效果。因此,我们可以制作生动、形象富含德育因素的视频和短片,通过信号的转化,转变为3D的信号,再通过校园电视频道向大学生播放,让他们接受立体的教育,提高德育的实效性。网络视频的应用拉近了教育者和大学生之间的距离,让交流变得更加自由和活跃,即使二者在地理位置上相距甚远,教育者仍可以利用网络视频第一时间掌握学生的现实生活状态和心理特征,从而因势利导,矫正认知上的偏差,引导他们健康成长,这体现了立体化德育的全方位性。因此,要发挥好网络视频的作用,推进立体化德育的发展。此外,由于网络视频的上传者特别是大学生拍客的存在(他们乐于随时随地将身边发生的事情上传网络,与大家共享),不在现场的人也能第一时间知晓现场状况,进入当时发生的情境中,这些视频符合了立体化德育的要求,体现了大学生的主体性,而且激发了大学生参与的积极性。因此,要制定相应的激励措施,鼓励他们将拍下的身边的感人事例和好人好事的视频上传到网络,让大学生感受到德育现实的存在,让他们在情感上受到震撼、在思想上受到教育,使他们的德育素质得到提高。

第二节　文化战略与高校大德育体系建设

一、文化战略与高校德育的关系

(一)德育的文化属性

德育的文化属性是指在德育中存留着其文化母体的某些印记和特性,肩负着文化的某些使命和功能。从德育产生根源来说,德育脱胎于文化,是文化精心孕育的产儿,是在文化的滋养下逐渐成长的。

就目前我国高校德育而言,德育不仅与文化母体之间存在紧密的联系,而且还承载着传承并复兴文化的任务。因此,我们可以说,德育具有文化的身份和属性。德育,从字面简单理解,就是通过道德教育使受教育者学会做人,这是文化固有的功能,是文化社会化的重要方式。

在德育发展过程中,逐渐走向专门化、独立化、体制化,这绝非要跳出文化的怀抱,而是文化的功能已经内化为德育的功能,德育的文化属性内化为德育的本质属性。但是,随着专业划分越来越精细,理性和科学对德育领域的侵蚀，人们对德育的研究往往脱离了文化的本质属性，反而追求通过量化的、实验的方式去探索德育的外在规定性，结果导致了机械化、理性化、知识化的知性德育的产生。这彰显了德育回归其文化属性的重要意义。

在文化战略指导下的德育必然从属于文化，这是德育获得持久发展活力的保证。其包括：第一，德育成为文化的重要组成部分。这意味着德育体系必须建立在文化战略的体系框架下，德育内容、德育方式、德育主体都要服从和服务于文化战略的需要。第二，德育是文化的内核。德育是文化传承和发展的重要方式之一。中华传统文化正是通过对"化外之民"的道德教化，通过"言传身教"的方式向外扩张，并在扩张中不断发展完善。"化"在很大程度上就是指道德教育。因此，我们可以说，在文化庞杂复杂的体系中，德育居于核心地位，其他文化组成部分都要依赖于德育的存在而存在。第三，德育是文化的灵魂。文化对于人的最终价值在于赋予人特定的生存和生活方式，决定着人的价值观、人生观，规定着特定群体的大致走向。德育的最终目的在于帮助人们树立正确的人生观、价值观，赋予人们生存和生活的能力和素质。从这个角度看，德育是文化的灵魂，德育决定着文化根本价值的实现。

由此可见，现代德育体系的建设离不开文化的土壤，必须扎根于文化战略之中，凸显文化对于德育的重要价值，在德育课程设置、德育方式方法、德育模式等方面，都要以文化为本。文化战略不仅能够通过建设核心价值体系、弘扬传统文化，增强民众凝聚力，更能够在传承和交流过程中，把握先进的时代内涵，使人们在变化莫测的经济社会竞争中始终坚定前进方向，并提供一种稳定的精神归宿。

文化战略的建构，绝不能等同于政治、经济发展战略的制定，而应该是具有全局性、前瞻性、长远性意志的体现，这是由文化的特质决定的。文化战略的形成，不能依靠政治动员，也不能仅仅停留在说教式的口头上，更不能受到眼前利益的驱使。文化战略对于社会具体行业、具体部门来说,具有普世性,对经济而言是文化经济,包括文化产业发展、文化创意、文艺创作等;对农业而言,则构成独具特色的农业文化;对高校德育,则要求建立一种适应文化战略发展的新型大德育体系。

(二)对高校德育体系进行文化重构的可行性

文化与德育的契合点在于根本目标的一致性。文化是本质,德育是外在实现方式。所以,对德育体系进行文化的重构是完全可能的。但是,这是理论上的推论。在实践中,德育的文化重构却要困难得多,主要是来自政治、经济领域的干扰。

文化是人的存在方式,人只有根植于特定文化中才能称其为人。人的全面自由发展是文化的根本追求。抛开政治化德育带给我们的误区,从德育的文化属性来看,德育的出发点不是禁锢人的思想、限制人的自由,而是把人的存在方式通过增强人的能力和素质赋予人。可以说,人类通过种族繁衍的方式实现肉体的延续,人通过德育的方式实现精神的延续。

文化和道德都具有相对稳定性。在道德内容不变、文化保持原样的环境下,德育体系的转变几乎是不可想象的。这说明,文化转变是进行德育体系转变的前提,德育体系的转变、德育方式的转型,都必须根植于文化战略之下。这是文化战略和德育的又一契合点。

当前,我们倡导"和谐文化",追求可持续发展,坚持以人为本的理念,这要求德育体系进行相应变革,以适应文化的要求。德育脱胎于文化,成为文化传承和发展的重要手段,具体表现在德育具有文化的批判和文化传递的功能。

所谓德育的文化批判功能,就是德育根据其根本价值和目标,为实现人的全面自由的发展,对社会文化现状进行分析,对社会运行进行评价,对人们的精神状态做出肯定性和否定性的评价,倡导社会主义核心价值体系,从而引导社会文化向健康方面发展。

在文化战略背景下,我们应该站在德育文化源泉的立场上,进行德育体系的重建,给德育赋予浓郁的文化色彩。当然,这里的文化是指文化战略要传承和发展的文化,是国家的主体文化。

二、高校大德育体系的建构

(一)大德育目的体系的建构

1. 交往德育的目的

近代以来,随着高校由社会的边缘走向社会的中心,德育问题就与许多的政治、经济、科技问题有交织、重合之处,彼此不能明显地区分开来。这是整个社会有机体进步发展的表现。但是,由于工具理性的泛滥和科技主义的盛行,系统领域严重侵蚀了德育的独立性,致使德育不能按照自身的特点进行发展。德育目的总是受到政治的、经济的、科技的因素制约。

传统理论认为,德育目的就是德育活动预期的结果,是德育活动所要生成或培养的品德、人格。这是德育的核心问题。那么,什么才是交往德育的目的呢? 交往德育的目的,简单地说,就是培养学生的交往品质,引起人生的觉解,达到新的更高的境界。其根本点是达成富有道德自主性的主体间性交往,创造美好而真诚的生活。为了达到这一目的,关键是要将发展主体间的交往关系、发展道德觉解力和激励做出有道德的交往行为统一起来。如何通过交往,把道德知识、道德规范内化为道德情感,进而成为道德习惯,在生活世界中履行道德,赋予每一个个体生成、共享交往的价值观、道德原则和行为规范等,这就是交往德育的核心任务。也就是说,高校德育必须是社会发展需要与个人发展需要的统一,强调德育的根本目的在于改善人的精神生活,培养健全的人格,形成道德责任感和义务感,实现人性的真正解放,使人成为既具有明确的生活目标、高尚的审美情趣,又能创造和懂得生活的、不断实现道德觉解和追求精神完善的自主的人。

加强德育与现实社会和与学生之间的联系,不是交往德育的最终目的。交往德育与交往紧密相连,交往是实现交往德育的重要手段,也是其主要内容。但是,交往德育的目的却不是仅仅局限于满足学生的交往需要,而在于培养"人",创造一种高于现实生活的美好而真诚的生活,追求生活世界的意义和价值。

由此可见,德育的目的不在于灌输道德知识,而在于启发交往理性,认识生活世界的价值和意义,发展完善个体道德人格、提高道德交往的能力和培养道德习惯。交往理性的培养,是交往德育目的的重心。接受道德教育的目的,应该是更好地交往和生活,这种观念比起认为德育应该以追求知识本身为目的的观念,可能更有市场。

德育应该教人学会与他人共同生活,能理解他人,平等地对待他人,能和谐地处于生活世界之中。

2.两种需要反思的德育目的论

(1)社会本位的德育目的论

在现代社会越来越以政治、经济和科技发展为主导价值取向的前提下,德育逐渐演变为"社会的德育"。这是德育的一种社会价值的取向,也就是社会本位的德育目的论。

社会本位的德育目的论的主要特征是,从社会整体利益出发来界定德育目的,它将社会的政治、经济、文化、科技、军事等发展的需要作为高校德育的出发点和归宿,单纯地以一定社会发展的需要来要求德育,设计德育活动,从而规定大学的人才培养模式。社会发展的需要和要求是高校德育的指向标,高校德育仅仅是社会发展进步的外在责任的外适性反映。该理论认为,德育需要根植于社会,以社会价值为中心,从社会的发展中寻找动力和支持。德育的价值就在于满足社会发展的需要,促进社会的进步。

社会本位的德育目的论的合理性在于确立了德育的重要使命之一——个体的道德社会化。它的缺点是:其一,社会本位论对社会的看法过于理想化,充满着幻想,认为社会利益的实现最终将导致人们道德水平的提高;其二,在德育过程中容易导致外在压力对个体的强制。

(2)个人本位的德育目的论

与社会本位的德育目的论不同,个人本位的德育目的论认为,德育的目的应该是以个人价值为中心,应该从受教育者的道德本性出发,依据个人自身完善和发展的精神需求来构建高校德育体系,个体的生存价值和生命质量的提升,是德育的目的追求。

个人本位的德育目的论在古希腊雅典的道德教育中就已经存在。亚里士多德在其思想中,将教育的重心由培养"城邦"国家的公民转向了个人的人生幸福,教育的最高目的是为正确享受闲暇做准备,确保当生活的实际事务受到适当的注意时,灵魂能看到神的幻象,并从中得到最大的幸福。伴随着近代文艺复兴运动,个人主义开始在政治、社会生活中成为主流的理论形态。在德育方面,首要目的不是谋求国家利益和社会发展,而在于发展人的理性和个性,使人成为真正的人。人的道德人格的完善成为德育的最终目的,将人从社会发展的束缚中解放出来。

个人本位的德育目的论具有反对德育方法上的强制灌输的积极意义,但是在德育目的上对个人强调过多,会引起德育中的相对主义,最终有可能会取消德育。德育应该反映个人的价值追求和个性的发展,但是,离开了社会生活、离开了社会目的,去追求个人目的的德育,就只是空中楼阁。

从我国传统德育发展的历史来看,个人本位的德育几乎不存在,德育目的总是受到政治、经济、伦理目的的过度影响。因此,当今我国的德育应该鼓励适当的个人本位的德育,给德育以相对独立的地位。

(二)大德育内容体系的建构

1. 德育内容体系建构的原则

(1)人本性原则

这是相对于传统的知识化德育倾向而言的。知识化倾向认为,德育内容是科技型知识,或者是关于道德的知识体系,包括对事实的认知、关于道德的实践的知识等,不必考虑学生的兴趣和个性。具体表现为,在德育过程中,将高校德育看作知识来传授,受"知识逻辑"的控制,知识是"统治者",学生是盛装知识的"容器",教师是进行知识宣传的"工具"。也就是说,知识是中心,教师是工具,学生被边缘化,为知识本身而掌握知识或追求知识。

出现知识化倾向的原因有两个方面。一是知识本身是人们想要获得的东西,这是内在的根本原因,毕竟德育需要道德知识的获取。二是知识是为了达到个人幸福、社会利益所必不可少的,这是外在的原因。把道德与对知识的掌握和追求如此紧密地联系在一起会过度限制德育,因为在德育过程中,塑造学生的人格、促进学生道德人格的完善和提升,与灌输知识一样重要,从长远来看,是更加重要的方面。

交往德育的内容要超越知识化德育,其重要特征是不断推展延伸对思想本身和精神生命交往的关注,不过分依赖和迷信文本。交往德育传达的应该不是人云亦云的声音,不是抽象的程式化的结论,也不是枯燥深奥的理论知识,而是通过师生之间思想的碰撞和相互启发、深入的交往而获得关于生命体验以及对人的精神进行反思的能力。

(2)生活化原则

这是相对于政治化的德育倾向而言的。灌输德育侧重向学生灌输价值,表现为一种教条。

灌输德育中也存在德育的内容。例如,社会基本道德品质的教育、文明习惯和行为规范的教育等。但是,普遍存在着泛政治化倾向,尤其是在公民道德或者政治道德品质的教育和高层次的道德理想教育中,政治意识形态教育比重过高,道德教育的内容不足。与此教育方式相对应,对学生的批判和反思能力的培养,始终没有引起足够的重视,结果是学生先入为主,一概反对、怀疑,走入极端。道德教育被政治因素冲淡之后,加上学生的消解,德育效果就微乎其微了。实际上,我国的德育内容往往是以绝对真理的形式呈现出来,这无疑会引起高校学生的反感。这样,会对学生的价值判断能力、创新能力、自我觉醒能力起到很大的抑制作用。

灌输德育对关于道德的知识,对政治的、经济的、社会的问题,对思维过程本身过分关注,却不够关心学生的道德交往和能力的培养,造成了学生道德的被动性和消极性。与此同时,由于学生没有较多机会感受自身拥有影响或作用于环境的能力,以及把握自身的能力,缺乏价值判断意识、交往意识、自我意识,最终对道德问题失去兴趣。

交往德育把德育过程看作学生在教师的价值激励下的道德生成和内化的自由交往和自主建构的过程。德育内容实际上就是价值激励及生成和内化的内容。而价值激励和内化都不能离开德育主体。因此,德育内容的选择要从德育主体的实际品德、身心特点出发。

2. 德育具体内容的建构

根据德育的目标体系,德育内容体系应由以下几个方面组成。这几个方面相互影响、相互制约,形成了一个辩证的统一体。

第一,思想道德教育。思想道德教育是德育的基础教育。它首先包括世界观、人生观和价值观的基本理论和实践教育。其次包括成才教育、爱国主义教育等。现阶段,为了更有效地培养受教育者马克思主义的科学世界观、为人民服务的人生观和集体主义的价值观,要从德育具体目标、从受教育者的思想现状出发实施教育内容。这种教育效果的原则性,也是德育思想上的一次转折。在强调"三观"教育的基础上,实施正确的成才观教育和爱国主义教育,是必不可少的重要内容。实际上,"三观"教育的效果,在某种程度上体现在一个人的成才观和爱国情感方面。

第二,形势政策教育。形势政策教育的出发点和归宿点,是紧密结合国内外重大政治、经济形势的发展变化,联系受教育者的思想实际,用真实可信的材料、生动丰富的知识,教育学生理解党的路线、方针、政策,认清形势,明确任务,自觉地坚持四项基本原则。因此,形势政策教育不仅要时刻把握国际国内重大政治、经济事件,而且要注重教育方法和手段。

第三,社会实践教育。接触社会,参加社会实践,是行之有效的德育渠道。它能够使大学生广泛接触社会,体验和了解中国的国情,从而真正消化党的路线、方针和政策,增强报国之情;通过开展社会实践活动,可以进一步提高学生服务社会的能力、理论联系实际的能力、灵活运用知识的能力;通过社会实践活动,学生能够广泛接触各阶层的人民群众,开展为人民服务的活动,从而在实践中检验自己的人生观和价值观。

第四,文化艺术教育。将文化艺术当作德育内容,在我国德育史上一直有不同的看法。究其原因,还是德育目标问题,即德育以培养什么样的人才为目标。在注重能力培养,加强素质教育的今天,把培养学生的人文素质、艺术修养、审美情趣等纳入德育内容体系,具有特殊的意义,它不仅是内容,也是目标。

第五,心理素质教育。现代教育必须重视对受教育者心理素质的教育,以提高受教育者的意志独立能力、社会适应能力、心理承受能力。

(三)大德育评估体系的建构

1.高校德育评估的含义及其作用

所谓高校德育评估,是指根据高等学校德育目标,通过系统收集德育工作的各种信息、数据,对高校德育工作状况和客观效果做出评价、判断、分析、反馈,以促进德育工作水平和效果的提高。它不仅仅是对德育主体的考察,而且包括对德育环境、德育方式方法、德育短期目标的评估,是一个综合的系统。

德育评估体系的作用主要体现在如下三个方面。

第一,有利于高校加强德育系统建设,为德育建设把关,不断地提高高校德育建设的水平,发挥高校在社会整体德育建设中的示范、辐射作用。

高校德育是社会整体德育建设的重要组成部分,是社会德育的重要阵地。高校的德育建设抓得好,不仅对广大师生员工是一种潜移默化的熏陶和良好的养成教育,而且对高校的改革和发展将会起到强有力的促进和保证作用,会对整个社会的道德建设起到示范、辐射作用。

德育评估是高校加强德育建设的依据。通过评估，联系社会上存在的一些不良思想的影响和侵蚀，联系高校学生个体和群体存在的一些倾向性问题，结合高校精神文明建设面临的形势和机遇，审视高校在社会整体德育建设中的地位和作用，提高对道德建设的重要性、紧迫性的认识；联系高校实际，加强领导，精心组织，发挥优势，注重建设；通过德育评估，高校应着力把握好各种专业课教育与德育的关系，从大局着眼，从小处着手，既重视思想教育、教学管理、道德培养、校风建设等软件建设，又要注意优化环境，加大德育经费投入等硬件建设，切实做到软硬件配套，互相协调发展。

第二，有利于培养德育主体（主要是指高校学生）创造性地适应社会的能力，培养德育主体的交往能力，以及追求更高层次的精神生活的能力。

高校的德育是对高校学生施以全面的思想、政治和品德教育，对其健康成长具有导向、动力和保证作用，而且这种作用应该在高校学生走向社会后仍产生影响。今日的大学生，要想在社会主义市场经济中生存并且有所作为，就必须具备坚定的政治信念、厚实的专业知识和良好的心理素质。政治思想是立志的基石，专业知识是立身之本，良好的心理素质是调节器，三者缺一不可。高校德育评估要面对学生的人生实践，着眼于社会、着眼于未来，不断把握高校学生思想发展、成长的脉搏，适时强化，不断提高学生的政治思想道德素质。在高校德育工作中，要大力加强对学生进行社会主义核心价值教育，使他们明确政治方向；大力加强培养学生有关市场精神，主要是指竞争意识、创新意识、不断进取的精神，以使学生将来能适应市场经济对人才的要求；大力抓好社会公德教育和职业道德教育，培养学生基础文明素质和敬业精神，以使高校学生在社会大舞台上能胜任社会期待的角色。高校德育评估，不仅是对学生即时引导、教育和规范，更是着力于教育的长效性、社会性，面向动态的社会发展，使学生学会更好地适应、生存和发展。

第三,有利于德育团队建设,不断提高德育工作水平和质量。这主要是对于德育工作者而言的,包括德育教师、高校领导、高校德育环境等方面。

高校德育评估包含对德育团队的评估。为保证德育工作落到实处,要优化结构,建设一支专兼结合、功能互补、政治坚定、业务精湛的德育队伍,并且对德育教师的界定,德育教师的培养、进修、待遇提出原则性意见。这为德育队伍的评估提供了参照。因此,德育评估在强化德育教师的事业心、责任心,加强德育学科建设,培养德育专家队伍,提高德育研究水平,保证德育工作的有效性等方面,都有积极的推动作用。广大德育工作者要更自觉地提高自身素质,追求德育工作水平的不断提高,以胜任时代赋予自己的神圣职责。

2.德育评估体系建构的原则

德育评估是达成德育目的的手段,不是目的本身。评估主要是为了引导、检验、督促、改进和提高德育工作的效果。所以,建立大德育体系的评估体系,应该明确以下原则。

(1)实体性原则

这主要是针对当前德育评估中存在的一些问题而言的。目前,高校德育存在弱化现象,对德育建设不够重视,甚至存在着德育可有可无、德育是空洞说教的错误观点。如此,德育评估就变成了形式,仅仅是走走过场,德育评估依附于其他评估系统之中,没有了独立的地位。因此,构建大德育评估体系,首先就是要确立德育评估的实体性原则,独立进行德育评估,将其与业务评估、学习效果评估区分开来。

(2)科学化原则

德育评估科学化,是指在德育评估过程中,以科学的理论作指导,按照科学的原则,采用科学的方法,使德育评估能够按照德育发展的规律进行。在设计德育评估体系时,要考虑到思想道德教育自身的科学规律、德育主体身心发展的规律和德育自身的科学规律。

(3)独立性原则

独立性原则有两个方面的意义:首先,是德育评估不受来自政治的、经济的、社会的、高校的影响,评估只需要按照体系的要求独立地进行,而不必考虑来自外界的干预;其次,是指德育评估应该从对德育主体的业绩、学习成绩的评估中独立出来。目前,在高校德育评估中,德育评估主要依附于对德育工作者业绩的评估和对高校学生学习成绩的评估;并且主要是业务评估服务,缺少独立的评估体系。

(4)可操作性原则

评估体系必须有可操作性,做到评估指标尽可能量化,有客观的评估尺度,使得评估体系具有可比较性。这是技术层面的设计要求,也是德育评估一直存在的问题。

(5)公开、民主的原则

德育评估必须在公开、透明的环境下进行,这样才能保证德育评估的权威性。

3.大德育评估体系的模式建构

(1)对德育工作者的评估

对德育工作者的评估包括高校是否贯彻执行国家有关德育的法律法规;高校德育制度是否健全,机构设置是否合理,领导体制是否顺畅;德育职能部门、实施部门是否职责明确、积极工作、密切配合,学校其他部门是否主动参与,能否真正做到齐抓共管;教书育人、管理育人、服务育人能否落到实处。

(2)对受教育者的德育考评

德育考评是指对大学生的思想、道德、心理素质、交往能力等方面所做的考核和评价。通过考评,能够全面了解和衡量大学生的思想道德状况及其发展水平,因此它是德育评估的核心内容,是高校德育的重要环节。

对高校学生的德育评估是德育评估的中心环节,有其特殊性和复杂性。在对德育对象评估中,大学生的个体或群体特征和面貌,不全是学校德育的结果;由于人的成长受多种因素制约,学生的思想认识与外在行动表现、动机和效果容易出现不一致;学生还处在世界观、人生观、价值观形成时期,受地点、时间、角色变化的影响,往往会出现不同的思想和行为,使对其的评价不易定位。然而,对德育对象的评估又是德育评估中的主要着力点,其他方面评估是为其服务的。这就要求建立大德育评估体系时,必须建立科学、合理的高校大学生德育评估指标体系,采取动态与静态相结合、定性和定量相结合、全面考评与重点考评相结合、教师考评与学生自评相结合,把教育贯穿评估始终。在此基础上激发学生参与的积极性,引导学生自我教育、自我评价,促其不断进步。

(3)对德育效果的评估

其主要内容应该包括:①高校整体氛围的评估。主要包括校风建设、学风建设、学校领导、教师的榜样作用等。现代社会,高校已经与社会政治、经济、科技、生活密切地联系在一起。但是,高校不能因此就丧失自身的特性,大学精神的弘扬是当今高校面临的最主要的课题之一。在设计德育评估体系时,要考虑到高校整体的氛围是否有利于德育的进行。②社会对高校毕业生的评价。这是一个难度很大,但是非常客观的标准。高校学生始终是要走向社会、服务于社会的,其道德教育的效果是否理想,最终要接受社会实践的检验。可以通过社会组织对高校毕业生的政治素质、交往能力、工作态度、合作精神、工作作风等的间接评价,来评估高校德育的效果。

(4)对德育措施的评估

第一,德育方式的评估。包括显性课程和隐性课程的设置是否合理、德育专业课程设置情况、高校社团开展道德教育状况、道德教育实践活动等。第二,德育投入的评估。包括德育投入计划是否明确而合理、经费来源是否具体、德育投入能否得到落实。

第七章　优秀传统文化与高校德育工作融合实践探析

第一节　孝文化融入高校德育工作

一、确保科学的融入内容

（一）坚持融入内容的思想性引领

所谓坚持融入内容的思想性引领，就是坚持马克思主义的指导地位。马克思主义作为一种科学的世界观和方法论，在中国特色社会主义全方位的发展过程中起着引领性作用。

中华传统孝文化融入大学生道德教育的过程中必须以马克思主义为指导思想，立足于我国当前社会发展的需要，探索贴近生活、服务生活、具有实际操作性的融入路径。只有这样，中华传统孝文化的德育价值才会尽可能充分地被挖掘和发挥。

首先，马克思主义引领中华传统孝文化融入大学生道德教育的内容，是因为马克思主义本身具有科学性和革命性。简言之，用马克思主义的立场、观点和方法能够用扬弃的眼光辩证地看待中华传统孝文化在大学生道德教育中的价值，从而对传统孝文化进行批判继承和发展。因此，用马克思主义引领中华传统孝文化融入大学生道德教育的内容，可以确保融入内容的科学性和正确性。

其次，根据马克思主义理论中事物的普遍联系原理，在批判地继承和发展中华传统孝文化的同时,可以使孝文化沿着科学、正确的方向指导大学生道德教育的具体实践活动。只有这样,中华传统孝文化才能实现可持续发展,而大学生道德教育也可以以此为切入点,获得更多的教育素材。

最后,在中华传统孝文化融入大学生道德教育的过程中,其融入的内容要始终能够体现时代性和社会性,而要达到这一效果,必须而且只能坚持马克思主义的指导,因为只有以马克思主义为指导的道德教育才具有科学性和革命性,并且只有以马克思主义为指导的中华传统孝文化才是符合时代发展的文化。

因此,坚持马克思主义的指导地位,无论对中华传统孝文化的批判继承还是对大学生道德教育的实践都是大有裨益的。

(二)提高融入内容的创造性转化

所谓创造性转化,就是要按照时代特点和要求,对那些至今仍有借鉴价值的内涵和陈旧的表现形式加以改造,赋予其新的时代内涵和现代表达形式,激活其生命力。简言之,创造性转化是对思想内涵和表现形式进行的双重转化,也就是说,对至今仍然具有借鉴价值的思想内涵通过创作和改造后能符合社会发展的需要,而那些不符合时代发展的陈旧的表现形式需要对其进行转化,使其迎合时代发展的趋势。

因此,提高中华传统孝文化融入大学生道德教育内容的创造性转化,首先需要了解和掌握孝文化的内涵和表现形式,然后根据社会发展需要和时代潮流对其进行有针对性的选择。中华传统孝文化融入大学生道德教育内容的创造性转化,从其根本上来说就是要充分挖掘和发挥中华传统孝文化自身的时代价值,从而更好地进行大学生道德教育活动,满足时代需求。立足于社会发展,是中华传统孝文化融入大学生道德教育内容实现创造性转化的现实依据和根本准则。然后,在中华传统孝文化原有内涵的基础上,以大学生道德教育的现实需要为依据,以创造为转化路径,以实现中华传统孝文化融入大学生道德教育内容的转化为目标,以更好地发挥中华传统孝文化在大学生道德教育中的价值为宗旨,通过自身原有条件与现实需要相结合,以及目标指向和实现路径的双向互动,就可以实现中华传统孝文化融入大学生道德教育内容的高效转化。

(三)推动融入内容的创新性发展

所谓创新性发展,就是要按照时代的新进步、新进展,对中华优秀传统文化的内涵加以补充、拓展、完善,增强其影响力和感召力。从对象来看,创新性发展针对的是中华优秀传统文化的内涵,这种内涵包括构成元素、核心价值、主要特征、重要理念等方面的内容。相较于传统造型转化而言,它的内涵的范围更加宽泛。从其最终目的来看,创新性发展旨在通过不断的创新,使中华优秀传统文化的内涵得到更深层次的丰富和发展,能够实现中华优秀传统文化的更高发展。从整个过程而言,它实现了从无到有、从有到新、从单一到丰富。

因此,对中华传统孝文化融入大学生道德教育内容的创新性发展,首先需要厘清中华传统孝文化的内涵,然后根据新时代发展的要求为其注入新的时代内涵、时代价值和时代作用等方面的内容。这样一来,一方面增加了中华传统孝文化的竞争力,提升了中华传统孝文化感染力;另一方面使中华传统孝文化融入大学生道德教育的内容更加丰富和完善,也更加符合时代发展的需要。

所以,要想实现中华传统孝文化的创新性发展,就要充分掌握中华优秀传统文化的内涵,这是实现创新性发展的基础和蓝本。在此前提下,充分发挥创新的能力,通过不断创新实现文化发展,而且这种发展要以马克思主义为指导,以服务人民、奉献社会为目的。只有这样,才能早日实现中华传统孝文化的创新性发展。

二、拓宽丰富的融入渠道

(一)融入理论教学课堂

思想政治理论课是开展大学生道德教育的主渠道。高校利用好这个主渠道,守好一段渠、种好责任田,将中华传统孝文化融入大学生道德教育的教学课堂中,能够加强大学生不断深化对中华传统孝文化的认知和认同,增强对孝文化的传承和发展。

首先,在高校思想政治理论课中要适当地加入中华传统孝文化的知识,具体而言,如在《中国近现代史纲要》中,可以将中华传统孝文化的历史演进过程与中华人民共和国成立的过程联系起来,使大学生深刻了解中国近代历史的同时增强责任意识和爱国情感。

其次,教师要根据当代大学生发展的规律和成长的特点,提升思想政治理论课的亲和力。教师在课堂教学活动中要采取多种新颖的教学方式,调动学生的积极性和主动性,不断满足大学生成长的需要。

最后,理论教学的内容要贴近生活、贴近时代、贴近社会发展的趋势。在讲述中华传统孝文化的相关内容时可以选择大学生感兴趣的身边的实际事例,这样也会提高中华传统孝文化融入大学生道德教育的效果。

(二)打造网络教学阵地

中华传统孝文化作为一种符号化的语言,在其融入大学生道德教育的过程中必须借助一定的载体才能够更好地传播,进而扩大影响力,渗透到社会各个领域。

当下,随着各种新兴媒体的发展,网络深刻影响着人们的思维方式、思想观念和行为模式,优秀传统孝文化融入大学生道德教育的传播也应该与时俱进,借助更丰富的文化载体,使孝文化融入大学生道德教育且得到更广泛的传播。比如,建设孝文化融入大学生道德教育专题研究网站,以传播孝文化与大学生道德教育为主题,定期更新内容,以身边的时事和事实为素材,深入挖掘孝文化的价值,使孝文化的传播更接地气。也可以利用微信公众号、微博等社交软件,发布和刊载有关孝文化融入大学生道德教育的知识,既符合大众当前获取信息的习惯,也可以更好地发挥言论自由,了解大众的需求,使孝文化融入大学生的传播更精准。还可以通过孔子学院这种国际传播方式,传播孝文化的"普世价值",传达中国人民热爱和平、构建和谐世界的意愿,让孝文化走出国门,走向世界,成为中华民族的一张名片,同时,使国内外的大学生都能受到文明道德的熏陶。

（三）开展多种实践活动

中华传统孝文化融入大学生道德教育的活动符合新时代实现中华民族伟大复兴中国梦的要求，更体现了中国特色社会主义核心价值观的践行，是建设社会主义文化强国、增强文化软实力、不断提高大学生道德素质的重要举措。

可以通过开展多种实践活动，增强其融入的效果。比如，开展中华传统孝文化融入大学生道德教育与旅游文化相结合。随着人们生活水平的提高，旅游文化作为新兴的文化产业备受青睐，这就为中华传统孝文化融入大学生道德教育的发展提供了"嫁接"机会。我国大量历史悠久的名胜古迹中包含着浩如烟海的孝文化信息，很多古建筑物上都刻着家规家训的内容，还有很多的民族和村落中保留着祠堂、牌坊、墓碑等用来记录祖先优良品德的历史遗迹，这些都可以作为对大学生进行孝文化教育和将孝文化融入大学生道德教育的鲜活素材。

三、打造雄厚的融入师资

（一）优化教师队伍知识结构

中华传统孝文化融入大学道德教育的活动过程，其实质也是一种大学生道德教育优化升级的过程。这个过程要靠构建一个中华传统孝文化融入大学生道德教育的师资队伍来完成。

首先，培养认同和践行中华传统孝文化融入大学生道德教育工作的教师队伍，只有自身对这项工作肯定的教师才能成为中华传统孝文化融入大学生道德教育的传播者和组建者。为实现这一目标，我们可以组建一支专门的中华传统孝文化融入大学生道德教育的师资队伍，然后对其进行专门的培训，为融入工作奠定良好的基础。

其次，优化中华传统孝文化融入大学生道德教育工作的教师队伍结构，需要我们选拔不同的学科专业、不同的年龄教龄、不同的学历程度的教师来实现。这样就可以保障中华传统孝文化融入大学生道德教育的师资是一支年龄结构平衡、学科知识不断补充、学历层次突出的队伍。

最后，要对所有的中华传统孝文化融入大学生道德教育的师资进行新时代大学生道德教育方式方法的培训。第一,从思想上,通过理论灌输将中华传统孝文化与大学生道德教育的理论知识结合起来贯穿师资队伍的培训教学过程中,提升他们对中华传统孝文化融入大学生道德教育的专业认知,使他们能在教学过程中更好地向受教育者传递中华传统孝文化与大学生道德教育的价值与功能。第二,运用理想信念的作用,使中华传统孝文化融入大学生道德教育工作的师资队伍树立坚定的理想信念,毫不动摇地践行社会主义核心价值观,用马克思主义指导自己的教学活动。第三,为确保中华传统孝文化融入大学生道德教育的师资队伍质量始终如一,就需要采取一定的措施,比如,对工作质量、教学成绩进行阶段性综合考核评价,以制度确保质量,提升教师队伍的水平。

(二)提高教师队伍育人素质

对中华传统孝文化融入大学生道德教育工作的师资进行知识结构方面的优化,是打造中华传统孝文化融入大学生道德教育雄厚的师资队伍的基础,作为理论层面的措施最重要的是落实到实践中,被实践检验。这就要求中华传统孝文化融入大学生道德教育工作的师资队伍开展具体的实践,以切身体验增加对融入工作的直观感受,进而激发自己对融入工作的激情和热情。

比如,对全体中华传统孝文化融入大学生道德教育的教师工作者开展"中华传统孝文化融入大学生道德教育的阶段性体验计划",使每一位教师在参与融入工作期间,至少拜访一位知名的传统文化或大学生道德教育方面的学者,考察一次中华传统孝文化融入大学生道德教育的实况,近距离接触参与中华传统孝文化融入大学生道德教育活动的学生,然后将自己的心得体会和切身感受以书面化或口语化的形式记录下来,深化对中华传统孝文化融入大学生道德教育的归属感和认同感,不断提高大学生的文化素质和道德素质。

(三)提高教师队伍整体水平

师资水平良莠不齐是制约中华传统孝文化融入大学生道德教育的重要因素,所以要提高教师队伍的整体水平。

第一,增强广大教师的责任感,使中华传统孝文化融入大学生道德教育的教师做弘扬传统文化、履行道德教育的践行者。也就是说,教师在传授知识的过程中履行的是一种责任,教师不仅是学生学习的领路人,更应该躬身实践,深切履行中华传统孝文化融入大学生道德教育的责任。

第二,加强广大教师对中华传统孝文化的学习,深入挖掘中华传统孝文化融入大学生道德教育的可行性和必要性。比如,加强中华传统孝文化融入大学生道德教育工作中的教师按照《完善中华优秀传统文化教育指导纲要》的基本要义,通过加强对《中国思想史》《孝经》等传统文化著作的学习,系统了解中华传统孝文化融入大学生道德教育的现实依据和时代价值,以学校为中华传统孝文化融入大学生道德教育的平台,探索有效的融入途径,同时,提高教师对中华传统孝文化融入大学生道德教育工作的整体水平。

四、建立完善的融入机制

(一)政府出台融入的制度保障

公民道德建设是一个复杂的系统工程,要靠教育,也要靠法律、政策和规章制度。把中华传统孝文化融入大学生道德教育的活动,是我们在文化领域探索大学生道德教育的一个重要的实践开端,这个实践最终能否取得成功或者能否达到预期的效果,在很大程度上,制度保障是关键。随着道德教育内容以及目标和要求的不断变化,作为保障机制的制度也要相应做出调整。

首先,提高中华传统孝文化融入大学生道德教育的制度的地位。长期以来我国高校以应试教育为主,对大学生的道德教育不够重视,导致了各种评价指标都是以成绩优劣为主要参考标准,这就直接造成了大学生道德教育的弱化地位。所以,我们开展中华传统孝文化融入大学生道德教育的实践,首要的工作就是提高大学生道德教育的地位,而最有效的方法就是政府出台相关的制度,强制保障中华传统孝文化融入大学生道德教育的实践。

其次,制定中华传统孝文化融入大学生道德教育的恰当的目标。如果高校在对大学生进行道德教育工作的过程中制定的德育目标过于片面化,忽视了学生作为受教育者的主体地位以及作为个体的独特性,那么培养的大多数大学生就会缺乏创新和创造的能力,不仅达不到大学生道德教育的效果,甚至会阻碍整个社会的发展和进步。因此,中华传统孝文化融入大学生道德教育的实践要制定恰当、准确的德育目标。

(二)学校组建融入的评价机制

高校作为大学生道德教育的主要基地,有一套系统完整的对大学生德育效果进行考核评价的机制。中华传统孝文化融入大学生道德教育的工作也需要学校组建融入的评价机制。比如,大多数高校都采取综合素质评价系统,以此来评选优秀学生。这种为了促进学生的全面发展而采取的评价机制,在很大程度上能激励学生积极主动地接受和践行道德教育,提高自己的整体素质。

学校组建中华传统孝文化融入大学生道德教育的评价机制可以从德、智、体三方面进行。"德"的评价机制主要是检验通过对中华传统孝文化融入大学生道德教育的实践,大学生是否提高了自身的道德修养和素质;"智"主要指大学生对中华传统孝文化和道德教育的基本内容、主要特征、现实作用等方面的了解和掌握;"体"则是指大学生在日常生活实践中对中华传统孝文化融入道德教育的践行程度和效果。

第二节　"仁爱"思想融入高校德育工作

一、"仁爱"思想的主要内涵与现代价值

(一)"仁爱"思想的源本

"仁"在《论语》中出现了 109 次,其出现频率之高,足以说明孔子及其弟子对"仁"的高度重视与潜心研究。关于"仁"的内涵,许慎在《说文解字》中解释称:"仁,亲也,从人从二。""仁爱",即"仁者爱人",可进一步阐述为爱亲、爱众、爱天地万物。

一是爱亲。"仁爱"的第一义就是爱自己的家人。孔子所讲的"仁爱",首先是从爱亲开始的。当然,爱自己家人的同时也包括爱自己,古语

有"身体发肤,受之父母"。每一个人在整个成长的过程中无时无刻不在享受着父母给予的关爱。子女都是父母的精神支柱,承担着他们毕生的心血和希望。所以,爱护自己的家人,首先也要好好爱惜自己。中国古代把对待老人的深情叫"孝",《论语·学而》称:"君子务本,本立而道生。孝弟也者,其为仁之本与!"即君子致力于根本的事务,根本建立了,治国做人的法则也就产生了。对长辈孝顺、对兄长顺从,是"仁爱"的基础,由此衍生出"百善孝为先"的古训。自古以来,中华民族非常重视孝道的践行,比如脍炙人口的二十四孝故事。由此可见,"仁爱"的第一要义——爱亲,备受大家的认可和推崇。

二是爱众。"仁爱"的第二义是爱与自己没有血缘关系的人。相较于上述爱自己的家人而言,爱众需要具备较高的道德品质。这是中国人所追求和向往的。《论语·学而》讲到"泛爱众而亲人",即要把身边的人当作亲人来对待。那么,如何做到将毫无血亲之人当作亲人来对待?孔子给出了爱众的具体方法。孔子学生问道:如果用一个字来概括一生操行、一生追求,应该用什么字?孔子回答:"仁。"弟子又追问如何做到"仁"?孔子答:"恕。"弟子追问:如何理解"恕"?孔子言:"己所不欲,勿施于人。"孔子与弟子的对话引出了忠恕之道,即对待他人的基本原则。自己不想要的,也绝不能强加给他人。在处理和他人的关系时,如能按照忠恕之道来进行,便会对他人多一分理解,达到一种和谐的状态。

三是爱天地万物。中华传统文化非常重视"仁爱"精神,提出替他人着想、帮助他人、珍爱生命、做到与天地万物和谐共处的要求。孔子说:"天生德于予""人而不仁,如礼何?人而不仁,如乐何?"他认为人处世立身、做任何事情当以仁为依据和前提。我们所追求的君子人格的核心与前提基础便是有"仁爱"之心。《易经》说:"天行健,君子以自强不息;地势坤,君子以厚德载物。""天行健"与"地势坤"都是天地之道,而"无私"则为天地之道的根本。

(二)"仁爱"思想的传承与现代价值

一是重视道德修养。中华传统文化历来重视人的道德品质修养,强调君子人格与圣人形象。"仁爱"思想是儒家道德体系的核心,蕴含着丰富的道德资源,在塑造人格方面发挥着不可或缺的作用。孔子提出"德之不修,学之不讲,闻义不能徙,不善不能改,是吾忧也",强调一个人的道德修养是最重要的,要提高自己的道德水平,完善人格。孔子还提出君子道者三,即"仁者不忧、知者不惑、勇者不惧",将"仁"作为君子的基本品德之首。

二是厚植家国情怀。孔子强调的"君子"人格培养是通过人格教育和道德教育实现的。他指出"物格而后知至,知至而后意诚,意诚而后心正,心正而后身修,身修而后家齐,家齐而后国治,国治而后天下平",强调人在成才之前要先做到成仁,成仁的基础是修身,身修而后才能治人、治国,进而实现天下大同。韩愈指出:"古之君子,其责己也重以周,其待人也轻以约。重以周,故不怠;轻以约,故人乐为善。"这与大学文化建设目标不谋而合。大学生要有"仁爱"之心,并以"仁德"为根本,养成良好的为人为学的品质,树立崇高的理想信念。孔子的"仁爱"思想在漫长的历史长河中对中华民族的进步起到积极作用,而今对大学生的道德行为仍具有十分重要的现实价值。

三是维系社会和谐。"仁"是贯穿孔子思想的核心,是最高的道德准则与行为追求。"人而不仁,如礼何? 人而不仁,如乐何?"警示我们生而为人,必须有仁德与仁爱之心,才能立足于天地之间,俯仰无愧于天地。"不义而富且贵于我如浮云",明确地阐述了生而为人应该树立"义"大于"利"的价值观,不符合道德规范之事,即使可以使我们获得非常高的利益,也是万万不能做的。"君子喻于义,小人喻于利",与社会主义核心价值观遥相呼应,不失为促进社会和谐的一剂"良方"。

四是崇尚自然观念。中华传统文化的核心价值观强调的"自然"还包括天地万物的运行规律,并把对事物自身规律的把握程度作为衡量社会发展是否合理的标准。顺应自然规律的观念可以为当代社会发展的诸多方面提供遵循和借鉴。

二、"仁爱"思想融入高校德育工作的必要性

(一)多元文化背景下大学生道德素养培育面临的挑战

近年来,我国大学生道德建设的实践取得了显著成就。有研究表明,大学生群体具备较高的道德素养和优秀的道德认知及道德行为表现。但是,我国高校的德育工作效果仍不容乐观。市场经济带来大发展的同时,也对价值观产生了一些冲击。开放包容的网络环境下,良莠不齐的思潮与文化产品涌向大学生的日常生活中,以危害意识形态安全为目的的民族虚无主义、历史虚无主义、享乐主义、拜金主义等正在悄无声息、潜移默化地戕害大学生群体。大学生群体的明辨是非能力没有完全建立,在面对诱惑时不易做出正确的抉择。大学生群体的局限性使得高校的德育工作面临很大挑战,有待进一步完善和加强。教师在高校德育工作中承担着重要的角色,是培养学生道德素养与道德行为的主力军。一线教师作为与学生直接接触的群体,其一言一行都会对学生产生潜移默化的影响。所以,为提升大学生的道德素养,应该提升教师对高校德育工作的重视程度。高校德育工作的推进和"立德树人"目标的实现任重而道远。

(二)"仁爱"思想融入大学生道德素养培育的理论依据

儒家"仁爱"思想由孔子提出,并经由孟子和荀子等思想家加以传承和发展。孟子基于"仁爱"思想,提出了"仁政"思想。孟子提出统治者应勤政爱民,天下能被治理好的前提是对百姓施以仁政。继孔子和孟子之后,荀子进一步发扬"仁爱"思想。荀子认为,"仁爱"思想包括爱人和爱民两个方面。爱人指的是每个人在对待彼此时相互关爱;爱民指的是在对待人民时没有等级差异,所有的人民都应该被当作施爱的对象。

中国共产党对青年的思想道德素养的培育工作予以高度重视,从多方面阐述了大学生的思想政治教育工作,指出对大学生的培养要抓好爱国主义教育、集体主义教育以及社会主义教育,强调开展中华优秀传统文化的教育和中国近现代史的教育。因此,可以将"仁爱"思想与大学生道

德素养培育工作结合起来。

(三)"仁爱"思想对大学生道德素养培育的意义

儒家文化所倡导的道德原则及其所制定的道德条目对完善道德素养教育具有重要的指导意义。

儒家文化是中华传统文化的重要组成部分,而"仁爱"思想是儒家文化的核心,是民族精神的源泉。孔子一生都致力于教人以学,不仅教导学生修身养性,还教导学生为人之道。"仁爱"思想为思想道德素养的培育提供了积极的借鉴。文化对人的影响具有潜移默化和深远持久的特点。校园文化作为一种群体文化,包含精神文化、行为文化、制度文化等多方面的内容。学校的育人方式以知识教育为主,以校园文化的塑造为辅。所以,营造一种积极的富有"仁爱"底蕴的校园文化对锤炼大学生的道德意志品质、优化大学生的道德行为具有重要作用。深入挖掘儒家"仁爱"思想的德育功能,并将其进行创造性转化与创新性发展,能够丰富大学生道德素养培育理论,对高校道德素养培育工作具有重要的理论价值。将"仁爱"思想的德育功能挖掘出来,并将其融入大学生的道德素养培育过程中,对帮助大学生形成君子人格、约束大学生的道德行为、丰富他们的精神境界十分必要,对提升大学生道德素养培育的效果和高校德育工作的实效性具有深远的现实意义。

三、"仁爱"思想融入高校德育工作的路径选择

(一)将"仁爱"思想嵌入师德师风建设规划

用"仁爱"思想涵育大学生道德素养,从而提升高校德育效果,首先应该建设一支具有"仁爱"思想的教师队伍,将"仁爱"思想融进师德师风建设的整体规划。

第一,纳入培养目标。把"仁爱"思想中的亲亲之爱、忠恕之道和恻隐之心的思想精髓凝练并具体化地写进教师培养目标,为广大教师群体提供思想源泉,设定理想人格,明确目标追求,通过正面的教育和侧面的文

化渗透,引导教师树立"仁爱"思想,塑造理想化的君子人格,使"仁爱"思想得以传承。

第二,纳入培训计划。"仁爱"思想包含爱亲、爱众、爱天地万物、重义轻利、克己复礼、忠恕之道、立人达人等诸多元素。高校可以参考这些元素,结合本校实际,制定相应的师德师风培育课程,并开展讲座培训,从多角度加深对"仁爱"思想的解读。学校在开展以"仁爱"思想为主题的讲座活动时,可以开展座谈会与交流会,令教师各抒己见、集思广益,在交流中不断提升"仁爱"素养。

第三,纳入考评体系。建立合理的、可操作的师德考评体系是加强师德师风建设的一项重要举措,也是实现外在他律和内在自律的重要途径。把"仁爱"思想中的道德准则和行为规范纳入师德师风考核评价体系中,有助于从制度层面推动"仁爱"思想在高校的涵育功能,提升师生道德素养。

(二)将"仁爱"思想融入大学文化建设

第一,开拓以"仁爱"为主题的学习活动。首先,形成好读书、读好书的风气,引导大学生多读经典著作、多读圣贤之书,养成知书明理的气质。高校可以结合本校实际,采取多种方式为学生提供全方位的教学体验,促进学生"仁爱"观念的形成。

第二,打造"仁爱"文化环境。从加强校园景观设计入手,令"仁爱"思想成为校园文化之魂。在校园适当位置设立具备"仁爱"思想的典型人物雕像,在教室、走廊等处所布置具有"仁爱"思想的古诗词、名言警句、人物事迹等,使学生在不知不觉中感受"仁爱"思想的熏陶。

第三,开展以"仁爱"为主题的校园活动,提升学生的"仁爱"体验,锤炼学生的道德品质。将"仁爱"思想融入校园活动中,以学生喜闻乐见的文化形式,丰富校园生活,弘扬"仁爱"思想。另外,可以开设校内和校外相结合的"仁爱"主题实践活动,使学生在与他人交往的过程中培养"爱亲、爱众、爱万物"的良好品格,真正地将"仁爱"思想外化于行,形成具有高尚道德素养的优秀大学生。

(三)将"仁爱"思想列入教育教学研究体系

传承优秀传统文化是高校思想政治教育工作的重要内容。用"仁爱"思想涵育高校师生道德素养,需要积极引导教师群体进行"仁爱"思想理论研究,并通过"仁爱"思想促进师生道德素养建设实践。

一方面,充分借助思政课的优势,将"仁爱"思想融入其中。思想政治理论课是高校普遍开展的一门公共必修课程,其授课主体的广泛性为"仁爱"思想的普遍传播提供了得天独厚的条件。高校要把"仁爱"思想的德育成分挖掘出来,将其与思想政治理论课中的德育部分相结合,结合本地的风俗习惯、历史渊源与学校的校风学风等实际情况,增设德育校本课程。第一,在课程的呈现方面,可以辅以新媒体手段,使学生更直观、更立体地感知教学内容,加深学生的课堂体验。另外,可以将课程规划为理论教学和实践教学两种形式,将"仁爱"理论知识学以致用,培养学生的"仁爱"品质。第二,在课程的考核方面,考核教师的教授情况与学生的接受情况。考核方式不能过于单一,应该采取多种形式。

另一方面,倡导有关"仁爱"思想的科研项目研究,提升教师深入学习的主动性。学校可以提升相关课题的比重,并辅以合理的保障性投入,为教师营造良好的研究环境。高校要根据本校实际,设立"仁爱"行为准则,表彰"仁爱"教师典型,形成教师群体向往与认可的行为准则,将"仁爱"素养内化于心、外化于行,从而培养出品德高尚的学生。

第三节　礼仪文化融入高校德育工作

文化兴国运兴,文化强民族强。文化是社会稳定发展的不竭动力,是国家长治久安的重要支撑。大学生作为民族的未来、国家的希望,在其成长过程中必然要接受文化的熏陶和浸染。礼仪文化作为文化体系的重要一维,在大学生德育过程中承载着重要的教化和指导作用,其丰富的精神内涵、深厚的价值意蕴是大学生德育的宝贵文化资源。因而,在实际的教育教学过程中加入礼仪文化的内容,不仅能进一步传承和弘扬中华传统,而且能提高德育的实效性,提升大学生群体的整体道德素质。

一、礼仪文化的精神内涵

礼仪文化是由人们日常生活中的风俗仪式、行为习惯积累而成的规约条文,它是个体道德的展现,是社会文明的标志,其丰富的精神内涵能够对个体律己敬人的内在意识的培养和文明礼貌的外在行为的纠正起到一定的指导作用。

(一)礼仪文化的传统内涵

礼仪文化是中华优秀传统文化的核心内容,其蕴含的"为仁由己"的为人观、"义以为上"的交友观、"和为贵"的处世观为个体在社会中的独立、成长和发展提供了重要的文化遵循和准则指导。

1."为仁由己"的为人观

"仁"指的是人与人之间互亲互爱、和睦相处的一种关系,以及个人为此而进行的努力。"仁"的思想在儒家思想体系中处于核心地位,它是个体作为人而必备的道德品质。个体从家庭走向社会,其自然属性逐渐被社会属性所代替,不可避免地需要与各行各业的人打交道,在与人相处中若不践行礼仪文化所要求的道德品质,个体的成长、发展必然会受到侵害。以"仁"作为社会个体交往的基本原则,不仅有利于构建群体间温馨和睦的人际关系,更能发挥群体的合力,实现个体价值的最大化。

2."义以为上"的交友观

"义"指的是天下合宜之理、天下公正的道义。与朋友交往遵循"义"的原则,所作所为符合人伦道义。中国古代社会推崇君子的理想人格,即交友中以"义"为大、以"义"为重,把"义"作为衡量个体道德品质的标准,在社会生活中践行"义"成为君子的行事作风,是个体崇尚美好道德的目标追求。个体的成功非一己之力可以达成,需要身边好友的支持,如若因小利而对朋友不义,甚至出卖朋友、损害朋友的利益,这不仅是不义之举,更是遭人唾弃和不齿的行为,对未来的发展有害而无利。

3."和为贵"的处世观

"和为贵"是礼仪文化的根本思想,是跳动在历史长河中的优秀传统,是流动在华夏民族血脉里的文化基因。"和"的思想要求并指导社会成员按照礼仪的规定和准则来处理人与社会、人与自然的关系,从而建立起稳定和睦、融洽和谐的关系网络。"和为贵"是贯穿个体为人处世始终的思想理念,在公共领域中发挥"和"的思想,不仅能有效保持生活、学习、工作等领域的稳定和谐状态,更能妥善处理人际交往中的矛盾和冲突,有利于构建良好的公共秩序,促成社会成员之间形成强大的凝聚力。

(二)礼仪文化的现实内涵

"礼仪"是一个古老又现代的名词。古老是因为它源于几千年前的礼文化,现代是因为它基于时代变迁仍富有生命力,礼仪文化历经千年仍持续不断、历久弥新,逐步形成一套较为完善和全面的文化体系。礼仪依靠其内在的精神主旨,随时代发展融入新鲜的思想,丰富本真内涵的同时又贴合时代发展的需要。

古代中国,礼作为社会生活的总规范,影响、扩展至制度、器物、行为、观念、心态等各个层面。而在当今新时代的背景下,礼仪文化保留其历史性意义的同时更具有时代性内涵。其一,礼仪文化更加注重个体的知行合一,即内在礼仪素质与外在礼仪行为的结合,通过外在的行为体现内在的道德。其二,礼仪文化去繁就简、去粗取精,其运用的形式更加符合人际交往和社会发展的需要,更加贴合快节奏、高效率的现代生活。其三,礼仪文化肯定人的合理的欲望需求,在控制合理物质需求的同时更加注重人的精神建设,即通过礼仪文化提升现代人的礼仪品质。

二、礼仪文化在大学生德育中的价值意蕴

礼仪文化涉及的方面众多,涵盖的内容广泛,是大学生在社会交往中必然要接受的通识文化,是构建良好社会关系、展现个体道德素质、践行有礼行为的文化指导。教育是人类传承文明和知识、培养年轻一代、创造美好生活的根本途径。大学生德育则主要通过礼仪文化的潜在力量进一

步规范主体行为、完善道德品质,不仅凸显了中华优秀传统文化的魅力,更彰显了新时代礼仪文化的价值。

(一)提供丰富的文化资源

德育的重点是培育讲礼貌、有道德的新时代大学生,通过礼仪文化的浸染和渗透,纠正大学生存在的错误观念、不当的言行,展现自身的礼仪修养。文化在人类生活中所起的作用具有无意识特征。因此,礼仪文化在大学生德育过程中也具有润物无声的特点,在对大学生进行教育的过程中,礼仪文化提供了丰富的教学内容,所涉及的"礼"之起源、"礼"之发展以及"礼"之内涵等内容,都为大学生德育提供了宝贵的文化资源。礼仪文化中"不学礼,无以立"的社会生存规则是大学生德育的基本要求,"人而无礼,焉以为德"的礼德关系模式是大学生德育的目标追求。

其一,礼仪是大学生融入社会的必备素质之一。礼仪是人类为维持社会的正常运转而要求人们共同遵守的最基本道德规范。人在成长的过程中,其社会性逐渐掩盖了自然性,大学生作为具有较高知识能力素养的一代,必须掌握基本的社交礼仪,在为人处事中展现礼仪,尊重长者、爱护幼童,在公共场所遵守公民的文明规范,在工作领域遵守员工的制度要求,这样才能更好地融入社会,更好地发挥自身的才智,以自我良好的礼仪素养为社会发展做贡献、为社会文明添动力。

其二,礼仪是培养大学生道德品质、建立良好礼德关系的基础。大学生德育侧重对大学生进行品德、道德教育,通过文化熏陶、活动参与、社会实践进一步深化礼仪文化的价值和内涵,使其倡导的基本要求能进入大学生的头脑、充盈大学生的内心、外化大学生的行为。道德品质、个体德行是隐性的存在,或者说是不易被察觉、被感知的内在精神,只有通过外在的行为才能展现内在的礼仪素质,良好的礼仪行为是美好的道德品质的外显,二者相辅相成、互为表里。

(二)树立正确的价值导向

礼仪文化作为中华传统文化的重要一维,不仅促使个体完善自身行为、展现礼仪姿态，以礼让的姿态待人，更为大学生成长、学习和生活树立了正确的价值导向。"礼"作为道德的最初范式，其"尊重、遵守、适度、自律"的道德内涵给当代大学生精神建设提供了价值标准。礼仪文化是大学生成长过程中不可或缺的精神食粮，其倡导的"礼者，敬而已矣"的敬让理念、"以仁存心，以礼存心"的仁爱理念是高校开展大学生德育工作的出发点和落脚点，旨在以"立德树人"为目标培养德才兼备、德礼兼修的大学生，重点是提升大学生的道德情操、完善大学生的道德行为。

其一，敬让理念是大学生与人相处所展现的尊重态度。大学生是国家和社会重点培养的对象，也是最容易受不良思想影响而走偏方向的年轻人群。对大学生进行道德教育需从最基本的与人相处开始。礼仪文化所强调的敬让理念首先要消除内心的浮躁与不屑，使其心存敬让，对所接触的人怀有尊重、谦虚的态度，而不是盲目自大、狂妄骄傲。

其二，仁爱理念是大学生与人交往时表达的朴素情感。一个人不是天生善良或邪恶，而是后天的环境或教育造成的。大学是人生的关键阶段，是学业有所收获和即将成为社会一员的交汇期，所以要立足新时代的背景，以礼仪文化倡导的仁爱理念教育大学生，使其在未来生活、工作中以仁爱的态度对待他人。仁爱要跳脱出小家中的小爱而上升到社会大家庭的宽宏博大的爱。

（三）构建有效的教育方式

大学生德育是大学生思想政治教育的重要内容，是大学生优良道德品质形成的教育手段，通过在教育过程中融入礼仪文化的内容和内涵，不仅能更新传统教学素材、丰富教学内容，更能提高大学生德育的实效性，增强自我体验。教育主体和客体在道德教育的过程中相互交流、互相学习，以此达到塑造教育客体道德品质的效果。大学生要提高道德学习的主动性和积极性，因为道德学习作为一种区别于知识学习与技能学习的特殊类型的学习，是一种以社会规范为载体的价值学习。传统的教育方式是"以教师为主体、以学生为客体"实施文化的传播，礼仪文化为大学生德育提供了新的、更为有效的教育方式，即教师、学生互为主体。这种教育方式打破了传统教育模式的固定化和刻板化,活跃了课堂氛围,加速了文化知识的传播速度和理解程度。礼仪文化主要倡导知行合一和情境体验式的教育方式。

对大学生进行道德教育,首先,要加深知行合一的教育理念,把礼仪文化中所涉及的行为范式落实到行动上,而不止于字面上的简单理解,正如孔子在教育其弟子时强调,要身体力行、言行一致、知行统一,在实际生活中要保持礼仪的姿态,以内在正确的文化观念约束外在不当的行为。其次,在大学生德育过程中开展情境体验式的教育活动,能直观反映大学生存在的不合礼仪的行为,为后期教育内容和方向提供参考,促使大学生在体验过程中自觉地进行纠正,按照礼仪的标准规范自身言行,培育优良的道德品格。

三、礼仪文化融入大学生德育的可行路径

大学生德育是一项长期复杂的工程,是促使大学生形成正确的世界观、人生观和价值观的重要方式。高校德育工作应深入挖掘礼仪文化的内涵、价值,实现礼仪文化对个体的道德内化,为社会培养讲礼仪、有道德的新时代大学生。

(一)加强校园文化建设

高校是开展道德教育的主阵地,是培养讲礼仪、有道德的大学生的重要场所,更是向社会输送人才的教育基地。校园文化是校园内师生等群体一定时期内形成的思想、理念、行为、风俗、习惯及由这个群体整体意识所辐射出来的一切活动,校园文化建设对大学生德育尤为重要。文化较之法律法规,其强制性和约束性较弱,主要是依靠文化的软控制作用,在潜移默化中实现文化对教育对象的浸染和熏陶,达到净化校园环境、营造明礼氛围、塑造良好品行的目的。

高校加强校园文化建设主要从以下三个方面进行。

首先,高校要重视礼仪文化的教育意义,将礼仪文化的内容融入平时开展的活动中,如开展礼仪文化系列讲座、组织大型典礼活动、举行礼仪

风采大赛等,让大学生在日常生活中感受礼仪文化的实际价值,进一步深化对礼仪的认知。

其次,高校根据大学生所学专业的特点,有针对性地开展与本专业相关的活动,如汉语言专业可以研究礼仪的起源、礼仪汉字的造字法,外语学院可以将中华传统礼仪文化与世界各国的礼仪文化做对比研究,艺术学院可以从美学的角度探索礼仪文化之美等,这些都是对礼仪文化的创新性传承和发展,能够让大学生立足本专业,弘扬传统文化,塑造美好品德。

最后,高校可根据学生社团的特点和发展方向,在招募新成员时注重对个人礼仪的考核,定期开展礼仪文化的知识竞赛,提高大学生对自身礼仪的认识,着力营造知礼明礼、尊礼行礼的良好风尚,把社团建设与校园文化建设统一起来,以社团建设促进校园文化建设,构建积极向上、明礼崇德的文化氛围。

(二)融合新兴网络媒体

新媒体是一种全新的传播方式和传播形态,正在快速地改变人们的生活方式。新媒体作为信息传播的重要媒介,具有一定的公共性和开放性,其传播的信息并非都是高质量的,其中的不良信息容易对大学生产生较坏的影响。因此,大学生德育要融合新媒体,有针对性地加强大学生在礼仪文化方面的宣传教育,更新德育方式,提高大学生德育的实效性。一方面,高校要以"立德树人"为目标,不仅关注大学生对知识技能的学习和掌握,更要注重培养良好的品德。例如,在高校的官网上,开设宣传中华传统礼仪文化的专栏,对学校德才兼备、礼德兼具的人物进行报道,定期开展相关的礼仪培训和以弘扬礼仪文化为主题的系列活动,解读礼仪文化的时代性内涵,达到弘扬文化、提升教育效果的目的。另一方面,结合微信、微博等平台,创建相应的公众号和服务号,推送与礼仪文化相关的信息,也可发布相关原创视频、漫画等,以新颖有趣的方式介绍礼仪文化,增强传播内容的趣味性和吸引力,并评选出阅读量、转发量较高的优质文章进行专题解读,剖析礼仪的深层内涵,将网络场域与现实场域结合起来,使礼仪文化得到广泛传播,让大学生受到教育和启发,提高自身的道德修养、礼仪素质。

(三)实行课堂教学改革

礼仪文化融入大学生德育,需从多个途径入手,除了构建良好的校园文化、结合迅速发展的网络媒体外,更要从最基本的课堂教学出发,提高大学生对礼仪文化的认同感,并通过实践进一步深化礼仪文化的内涵。一种价值观要真正发挥作用,必须融入社会生活,让人们在实践中感知它、领悟它。实行课堂教学改革,首先,要提高教师的礼仪素养,建立礼德兼备的教师队伍。教师在授课的过程中,其自身的礼仪行为会对大学生产生重要影响。因此,教师在注重提高科研能力、教学能力的同时,应该努力提升自身的礼仪修养。其次,在实际教学过程中可添加传统礼仪文化的元素,融入更多具有中国特色的内容,结合礼仪的经典著作讲解有关知识点。课程的设计除了传统的教师讲、学生听之外,可以把主题分配给学生,以小组的形式展示与礼仪相关的内容,实现师生角色互换,让学生在讲解、演练过程中完善自己的言行。最后,不同的院系可根据发展状况、学科性质、专业特点等实施形式多样的教学,开展线上与线下相结合的教学形式,而不拘泥于在教室上课,把上课的场所切换到生活中,让礼仪更具实践性和可操作性。

参考文献

[1]曹海莹.新时代大学生党员理想信念教育探究[J].现代交际,2018
(14):128.

[2]陈抗.道德推脱在大学生社会目标与攻击行为关系中的调节效应分析
[J].重庆大学学报(社会科学版),2019(3):213-224.

[3]陈敏.儒家道德思想对大学生价值观建设的启示[J].文教资料,2019
(19):138-139.

[4]丁冬红.高校文化建设对大学生思想道德教育影响分析[J].科教文汇
(中旬刊),2018(8):10-11.

[5]董祥勇.新时代公民道德建设的指导思想与推进策略[J].学习与实
践,2019(6):45-49.

[6]高媛.大学生加强思想道德修养的分析[J].求知导刊,2016(2):9-10.

[7]侯小波,何延昆.新时代高校生态文化建设体系研究[J].天津大学学
报(社会科学版),2018(4):350-355.

[8]黄玺,梁宏宇,李放,等.道德提升感:一种提升道德情操的积极道德情
绪[J].心理科学进展,2018(7):1253-1263.

[9]季海菊.高校生态德育论[M].南京:东南大学出版社,2011.

[10]瞿振元.素质教育要再出发[J].中国高教研究,2017(4):26-29+36.

[11]黎晓琳.大学生"精致利己主义者"现象分析[J].改革与开放,2018
(15):90-92.

[12]李青,王瑞玲,李世贵.谈大学文化环境对育人的重要性[J].科技资
讯,2006(14):180.

[13]李诗羽.新时代大学生思想道德建设面临的问题与措施[J].农家参
谋,2019(23):254.

[14]李晓华,袁晓萍.高校立德树人的时代内涵和实践路径[J].高等教育研究,2018(3):70-73.

[15]林兴德.大学生思想道德健康成长的要素分析[J].思想理论教育导刊,2017(5):48-51.

[16]刘晓红.大学生道德冷漠现象分析及其对策研究[J].淮北职业技术学院学报,2013(4):12-13.

[17]刘莹,李伟杰,李晓兰.新时代青年学生理想信念形成分析及教育对策探究[J].黑龙江工业学院学报(综合版),2018(6):5-8.

[18]马向真.当代中国社会心态与道德生活状况研究报告[M].北京:中国社会科学出版社,2015.

[19]史凤萍,边和平,刘薇.高校思想政治理论课教学课程论[M].徐州:中国矿业大学出版社,2019.

[20]谈传生.高校实践育人机制创新研究[J].学校党建与思想教育,2019(24):61-63.

[21]王永,黄永录.新时代大学生思想道德建设面临的挑战与对策[J].当代教育理论与实践,2018(3):95-99.

[22]王志刚,王维.论高校思想政治教育的文化生态及其优化[J].广西师范大学学报(哲学社会科学版),2016(1):103-107.

[23]徐蕾.培养道德自觉:立德树人的现实路径[J].当代教育科学,2016(15):56-59+64.

[24]杨雄英,字振华.新形势下高校大学生中华优秀传统道德教育现状及对策分析[J].价值工程,2016(27):250-253.

[25]张巧飞,姚茜.对当代大学生公民道德教育建设的分析[J].法制博览,2019(7):287.

[26]张艳伟,裴雨墨.新时代提升大学生道德能力的路径分析[J].沈阳师范大学学报(社会科学版),2019(6):23-27.

[27]郑思严,韩乐江.大学生道德人格的完善与人的全面发展[J].教书育人(高教论坛),2019(18):68-69.

[28]周光苑,李庆华.大学生道德养成教育的路径探究[J].黑龙江教育(理论与实践),2018(4):30-31.